Feliz Ano-Novo!

Faça Tudo para Consegui-lo

Maria Eugenia Sahagoff

Feliz Ano-Novo!

Faça Tudo para Consegui-lo

EDITORA CULTRIX
São Paulo

Copyright © 1999 Maria Eugenia Coelho da Gama Cerqueira Sahagoff.

Todos os direitos reservados. Nenhuma parte deste livro pode ser reproduzida ou usada de qualquer forma ou por qualquer meio, eletrônico ou mecânico, inclusive fotocópias, gravações ou sistema de armazenamento em banco de dados, sem permissão por escrito, exceto nos casos de trechos curtos citados em resenhas críticas ou artigos de revistas.

Revisão de Hideki Ohe.

As fotos das pp. 23, 25, 33, 34, 36, 38, 39, 40, 43, 48, 52, 54, 57, 58, 59, 60, 63, 68, 87, 94 e 101 são de Marcos Bessa Nisti, *com produção de* Ingrid Christensen.

O primeiro número à esquerda indica a edição, ou reedição, desta obra. A primeira dezena à direita indica o ano em que esta edição, ou reedição, foi publicada.

Edição	Ano
2-3-4-5-6-7-8-9-10-11	00-01-02-03-04-05-06

Direitos reservados
EDITORA CULTRIX LTDA.
Rua Dr. Mário Vicente, 374 — 04270-000 — São Paulo, SP
Fone: 272-1399 —- Fax: 272-4770
E-mail: pensamento@cultrix.com.br
http://www.pensamento-cultrix.com.br

Impresso em nossas oficinas gráficas.

Sumário

Agradecimentos 7

Prefácio 9

Roupas 13

Comidas 31

Rituais 79

Epílogo 113

Bibliografia 119

Sumário

Agradecimentos

Prefácio

Sonhar 15

Confiar 51

Rezar 79

Epílogo 115

Bibliografia 119

Agradecimentos

Tudo é possível na vida quando se tem fé, força de vontade e, principalmente, o apoio de amigos.

Quando a idéia deste livro surgiu, logo fui incentivada a transformá-la em realidade − principalmente pelas mulheres, minhas amigas e conhecidas, todas ligadas em superstições. Os homens, mesmo quando as têm, ficam inibidos em demonstrar interesse nesses assuntos. Poucos assumem que, no fundo, também acham que não custa nada dar uma mãozinha à sorte. Preferem manter uma aparente incredulidade. Mesmo assim, consegui a valiosa colaboração de representantes masculinos daqui e de vários países.

Enumerar amigos que, consultados, perderam, pacientemente, seu tempo comigo seria arriscar-me a esquecer algum nome, fato absolutamente imperdoável e quase certo, graças à minha péssima memória.

FELIZ ANO-NOVO!

    Injustiça maior seria a de não enaltecer o alto grau de envolvimento e compreensão de meu marido Daniel que, como sempre, acreditou em mim.
    Tenho certeza de que, sem o entusiasmo desses colaboradores e a dedicação da Solange, minha secretária, meu trabalho não teria ido para o papel. Espero não decepcioná-los e torço para que nossas mandingas sejam eficazes.

    A todos, obrigada.

Prefácio*

É claro que, se eu não fosse supersticiosa, não me disporia a abordar o tema do livro: ritos e superstições feitas por ocasião do ano-novo.

Dentro desse espírito, fui anotando, primeiramente, tudo o que eu própria fazia e, depois, perguntando aqui e ali. A curiosidade estendeu-se, então, para povos e países estrangeiros.

Deixando de lado o calendário solar dos europeus e americanos, que encerra seu "expediente" no dia 31 de dezembro, a ênfase foi dada ao espírito do ano-novo, ou seja, à renovação de tempo, independentemente da data em que é festejado.

Pesquisei junto a oitenta e sete consulados, sessenta e três embaixadas, doze entidades culturais diversas

---

* "Aquilo que o autor escreve depois, o editor publica antes e o leitor não lê nem antes nem depois."

e cinqüenta e nove pessoas, dentre amigos e conhecidos. Cerca de cento e cinqüenta consultados atenderam a meus apelos, viabilizando esta publicação.

Procurei limitar-me a hábitos e rituais privados, já que as solenidades públicas não se encaixavam nos objetivos.

As respostas, que se enquadraram no pretendido, foram separadas em três assuntos para facilitar a consulta e eventual execução: comidas, roupas e rituais.

Não há nenhuma conotação religiosa nem política na abordagem. É muito interessante observar que povos distintos, étnica e geograficamente, praticam os mesmos ritos e têm manias parecidas. Isso reforça a crença de que somos todos iguais, mudando-se nomes e línguas, nada mais.

A esperança de que, a cada ano, há algo de novo e bom à espera, é como a expectativa de uma festa – se ela corresponder, ótimo, caso contrário, ao menos esse período que antecedeu foi passado com satisfação.

O tempo é curto, e sua passagem, inexorável. A vida deve ser vivida como uma série de momentos, mais valendo minimizar os dissabores, curtindo ao máximo as coisas boas que sempre acontecem.

Se pensarmos bem, só o fato de estarmos vivos já deveria ser comemorado dia a dia, como o melhor e mais importante fato do ano.

Antes de prosseguir na leitura, faça uma auto-análise, para minha salvaguarda. Se você não for dado a pensar positivamente, a acreditar que o improvável mas

PREFÁCIO

possível pode acontecer, siga um conselho: pare a leitura. O livro será um rol de "loucuras".

Por outro lado, se seu bom humor superar seu senso crítico, você extrairá daqui para a frente muito divertimento e o que fazer nos futuros *réveillons*.

Boa sorte e feliz Ano-Novo!

Roupas 1

Roupa nova – esse é o tópico a respeito do qual há unanimidade entre os países.

Do Oriente ao Ocidente, no ano-novo, as pessoas buscam vestir alguma peça que não tenha sido usada antes.

A roupa íntima é a mais próxima do corpo, indispensável e a que se veste, obviamente, primeiro. As demais peças são sobrepostas, acessórias. Assim, de modo geral, pelo menos a "roupa de baixo" deve ser nova.

Na verdade, além do espírito de renovação contido neste ato, coerente com o começo de uma outra etapa de vida, é alegre e gostoso portar coisas novinhas em folha – é a "roupaterapia", tão conhecida entre as mulheres.

roupas novas

Independente de raça, credo ou calendário adotado, homens, mulheres e crianças festejam o ano-novo de roupa nova. Dizem que é para dar sorte, trazer alegria e, se o indivíduo está contente, é claro que tudo tende a dar certo.

Além dos países cujas culturas são mais próximas, é interessante observar dentro da "Alma" universal:
- na Rússia, todos vestem suas melhores roupas, pois costumam afirmar que "como se passa a noite de ano-novo, assim será o ano todo".
- na Coréia, na manhã do primeiro dia do calendário lunar, antes do café da manhã, todos se lavam e vestem o *solbim*, ou seja, roupas novas.
- na Malásia, as roupas têm que ser novas dos pés à cabeça — se o indivíduo só tiver condições de renovar seu guarda-roupa uma única vez ao ano, isso deverá ser feito nesse período, para dar sorte.
- também na Líbia, nas comemorações do ano-novo lunar, no *Alaid Alkabir*, as crianças recebem da família trajes novos para os festejos.

Assim, para não nadar contra a maré, convém garantir o sucesso comprando, ganhando e usando roupas "virgens".

Há também uma simpatia vinda de Pernambuco: lençóis novos. É indicada para recém-casados. Depois de lavados, deixariam as eventuais desavenças na máquina de lavar.

No aspecto das cores, com tantas nuanças no mundo, três são as escolhidas: branca, amarela e vermelha.

Rosa e verde também aparecem, mas em proporções bem mais discretas.

Antes de, geograficamente, localizarmos tais preferências, convém que seja enfocado o fenômeno das cores no campo da Física, de forma sumária.

Os corpos, a menos que sejam eles próprios fontes de luz, não têm cor em si, ou seja, limitam-se a transmitir sensações coloridas.

Sob a luz normal do sol, quando vemos algo "azul", na verdade estamos recebendo de volta raios luminosos desse comprimento de onda, refletidos e não absorvidos pelo objeto. A cor "vista" é aquela devolvida pelo corpo, em determinadas condições luminosas. Os corpos, portanto, captam todas as radiações luminosas com exceção das que refletem, estabelecendo, desse modo, as próprias cores.

Ao contrário, o preto absorve toda a parte visível do espectro solar, nada refletindo.

Além disso, nota-se que a cor sempre provoca uma reação. A visão, através da retina, é o sentido que mais ocupa os neurônios cerebrais. Para se ter uma idéia de sua importância, a audição usa cerca de três por cento do córtex cerebral diante de um estímulo sonoro, enquanto que o olho humano utiliza trinta por cento do mesmo.

Independente ou até contra a vontade do indivíduo, a luz causa mudanças bioquímicas nas células do corpo, com influência no humor, bem-estar, emoção e, conseqüentemente, no comportamento do mesmo. O conhecimento científico confirma tais efeitos, através da produção de diferentes hormônios como, por exemplo, a da melatonina, reguladora do sono, secretada pela glândula pineal.

Todo nosso corpo é afetado pela cor e pela luz – quando optamos por determinada roupa, estamos, na realidade, escolhendo o filtro colorido através do qual nosso corpo será tratado cromoterapicamente!

Sem querer, de forma instintiva, refletimos na nossa vestimenta um estado de alma. Indo mais além, "sabemos" qual o aspecto do espírito que precisa ser "tratado" através dessa ou daquela cor, realçando estados emocionais ou psicológicos.

No Alcorão, capítulo 16, o profeta Maomé afirma: "As cores que a terra ostenta aos nossos olhos são sinais manifestos para aqueles que pensam."

Assim, as cores escolhidas: o vermelho, o branco, o amarelo, o rosa e o verde, para o *réveillon*, têm uma razão de ser, como portas através das quais chega-se às profundezas da alma das pessoas.

Esse assunto, portanto, merece um mergulho em nosso passado e na parte da ciência que o enfoca, ainda que de modo sucinto.

Vermelho – Uma das cinco cores primárias dos antigos chineses, desde rituais primitivos o vermelho está sempre presente, devido à sua associação com o sangue, a força vital, a energia, o calor, o perigo e os ciclos menstruais femininos. Figura, inclusive, nas pinturas em cavernas.

Dinash P. Ghadiali, cientista hindu, atribuía à cor vermelha função anabólica, pelo estímulo do fígado e produção de glóbulos vermelhos e adrenalina. Acreditava que estimulasse a tensão e a excitabilidade humanas.

Há, quanto ao vermelho, um arquétipo comum: a combustão, a união do carbono com o oxigênio do ar e a própria vida.

O fogo criou o mundo e deve destruí-lo. Quanto maior a caloria, mais vermelha a chama, maior o calor e o movimento. O formato invertido da chama é associado ao do coração, órgão que mantém a vida, exaurida pelo tempo assim como a chama consome a vela.

Nos cultos cristãos, a chama do amor divino, do Espírito Santo, é vermelha, sendo essa a cor dos paramentos usados pelos padres nas festividades e na decoração dos altares, nessas ocasiões.

É interessante observar que, numericamente, o Espírito Santo é tratado por Terceira Trindade, tendo por emblema o número três. Esse algarismo é a imagem do fogo. Em sânscrito, a palavra "VAHNI" significa, simultaneamente, fogo e três. Na língua tibetana, "ME" serve também aos dois sentidos.

A língua de fogo do Amor Divino é vermelha; essa é a cor atribuída ao altruísmo e ao sacrifício.

No símbolo chinês dos cinco tigres, o verão, o fogo e o meio-dia são representados por um tigre vermelho.

Ao rubi era atribuída a capacidade de afastar maus pensamentos e preservar os homens contra as pestes.

Acreditavam os antigos que essa cor era eficaz contra a virulência de venenos de animais peçonhentos. Atualmente, a ciência confirmou que determinadas radiações são eficazes contra o poder nocivo de alguns venenos.

Em Roma, só os patrícios, ou seja, os nobres, tinham direito de usar a cor púrpura, ou seja, o vermelho-escuro. Quem ousasse quebrar essa regra era punido com a morte. Hoje em dia, cardeais e altos dignitários da Justiça vestem-se com essa cor, também presente nos mantos reais.

Tudo na vida tem, no entanto, um lado positivo e outro negativo. Desse modo, a cor vermelha, símbolo da realeza e da autoridade, dentro da ambivalência das cores, representa, na mesma intensidade, o egoísmo, o amor infernal, a embriaguez e a luxúria.

Na língua dos índios cherokees, uma única palavra significa vermelho e guerra. Não é à toa que se diz que alguém ficou "vermelho de raiva". O sentido dessa expressão transcende a língua na qual está grafada, situando-se na ciência infusa existente dentro de todos os povos.

Diante desse panorama, a escolha do vermelho como cor predominante da roupa do ano-novo, como força positiva, cria a sensação de vitalidade e agilidade. Kurt Goldstein, psicólogo, descobriu na década de trinta que a cor vermelha induzia as pessoas a superestimarem o tempo, o que, na passagem do Ano, é muito significativo. O vermelho foi, é e será sempre associado ao amor por excelência, à capacidade de fazer os sonhos se realizarem dentro da harmonia necessária para que a vida funcione.

Com tais dados em mente, a pesquisa realizada apresentou as seguintes minúcias: calcinhas, sutiãs, cuecas ou ao menos um detalhezinho vermelho nas peças são usados na Itália, em Malta, Honduras e no Brasil. Neste último, por influência do grande número de imigrantes italianos (bandeira vermelha-verde-branca), já que isso foi constatado em São Paulo, Paraná, Santa Catarina e Rio Grande do Sul.

No ano-novo, na Malásia, todas as fitas amarelas e vermelhas que ornam os altares dos santos das residências devem ser trocadas.

Amarelo – O amarelo, o laranja e o vermelho, chamadas cores quentes, têm um estreito parentesco.

O amarelo, como o vermelho, é símbolo do amor. Amor associado à luz, à sabedoria, à palavra e, numa instância superior, ao Verbo Divino. Na Grécia, um bom orador era tido como possuidor de "uma boca de ouro". Também em francês, a eloqüência é expressa como *parler d'or*.

Chacra do plexo solar, do amor-próprio, da autoconfiança, do valor que o indivíduo se dá e de sua projeção no mundo, o amarelo representa a energia formada pela natureza cósmica que a tudo revitaliza e reproduz.

O ouro é a cor atribuída a todos os intermediários entre o divino e o

sol: amarelo dourado

profano. Assim, São Pedro é representado com vestes douradas, como intercessor dos homens.

Por sua cor, audácia, coragem e potência de voz, ao leão foi atribuído o título de rei dos animais, assim como ao ouro foi dada a mesma posição, entre os metais, pelos alquimistas.

O signo do Leão, no hemisfério norte, corresponde ao período mais quente do ano, alto verão, ratificando o conceito de calor, fogo, ardor e fé.

Depois do branco, o amarelo é a cor mais próxima dos raios solares, em brilho e matiz. Cromoterapicamente, é vista como estimulante do bom humor, proporcionando uma atitude harmoniosa em relação à vida. Transmite equilíbrio e otimismo.

Cor do sol e do ouro, diferencia-se do vermelho por seu aspecto luminoso, identificando-se com a inteligência. Simboliza a agilidade de pensamento por excelência.

As várias dinastias chinesas eram representadas por cores, sendo o amarelo atribuído à era Ch'ing. O imperador usava a cor azul quando reverenciava os deuses e a amarela para tratar com os homens.

Como não poderia deixar de ocorrer, o amarelo também tem interpretação negativa. É a cor da urina, da matéria fecal, dos excrementos, do enxofre.

Na Bíblia, o enxofre é o instrumento da cólera de Deus. Para a cultura árabe, o amarelo-claro é a cor da traição, do adultério, em contraposição ao dourado, tom da sabedoria.

Ficar "amarelo" de inveja é expressão que ninguém desconhece.

No entanto, na passagem do ano, projetamos nossa vida da maneira como gostaríamos que fosse. São os aspectos positivos da opulência, do brilho e do contato com Deus que levam à escolha do amarelo e disseminam seu uso de forma tão universal.

Em Honduras, além do vermelho nas roupas de baixo, aparecem o amarelo e o verde.

O amarelo está presente tanto na Venezuela quanto no Panamá, sendo que, além de nova, a peça tem que ter sido ganha de presente, para atrair a sorte. Os panamenhos acham que a cor de ouro tem que ser usada nessa ocasião, nem que seja numa jóia, num acessório, mas, notem bem, sempre algo recebido como prenda.

No Rio de Janeiro, muitas mulheres usam também calcinha amarela.

Em Minas, embrulham-se doze grãos de milho seco (um para cada mês do ano) em papel branco amarrado com fita amarela. À meia-noite, coloca-se o pacotinho nos pés de Jesus, e depois guarda-se esse embrulho do dia 1º até o próximo ano. O milho garantirá colheita farta, o papel branco, paz e saúde, e a fita amarela, dinheiro.

Branco – É o símbolo da própria luz, emblema da divindade máxima. Resultado das sete tonalidades do prisma, reúne em si a multiplicidade de todas as cores que vemos.

Cor do autodomínio para os budistas, na mitologia grega o branco era atribuído ao Deus Pã, início da

FELIZ ANO-NOVO!

vida. Pã teria seduzido a Lua, que reflete a luz branca do sol. Fogo e matéria, Yang e Yin, Pã e Lua, em todas as religiões com suas dualidades, a divindade aparece no deslumbramento da luz branca. De forma resplandecente, surge nas auréolas dos santos e iluminados. Símbolo da totalidade dos conhecimentos, da pureza e da integridade, aparece nas vestes de casamento, de primeira comunhão, nas da Virgem Maria e, como decorrência, nas de Iemanjá.

O azul e o branco guardam estreita relação, ambos exprimindo verdade e sabedoria. Reserva-se, no entanto, ao branco, caráter mais elevado.

Fisicamente, a analogia entre o branco e o azul é muito grande. Quando se deseja que determinada iluminação artificial dê a sensação da luz branca do sol, emprega-se uma fonte luminosa azulada ou associam-se lâmpadas azuis ao ambiente.

roupa branca

Sendo a reunião de todas as cores, o objeto branco não absorve nenhuma luz visível, refletindo todas as radiações luminosas, em oposição ao negro.

O azul restaura a paz e a tranqüilidade, exprime o infinito do espaço, do tempo, da imortalidade, da perfeição moral, do Olimpo, hábitat dos deuses pagãos e do céu dos cristãos.

O branco é o próprio Deus. Os pontífices vestem-se de branco. O leite, o alimento por excelência, é para o corpo o mesmo que a luz. A lua branca é a luz completa do sol, que ilumina o mundo e o espírito.

Basta dar uma espiada nas praias brasileiras, de norte a sul, para ver a grande maioria vestida de branco.

A cor branca não é considerada nem feminina nem masculina. Une os sexos e os números, assim como reúne os feixes luminosos. Na correspondência entre os signos do zodíaco e os planetas, é atribuída a Aquário e Saturno. No hemisfério norte, de vinte de janeiro a dezoito de fevereiro, é pleno inverno. Confunde-se o branco com a pureza das neves eternas.

Em sua ambivalência, o branco associa-se à morte — o frio das neves e o cadavérico, a velhice, os cabelos brancos, os fantasmas, as mortalhas que separam a alma branca do corpo negro, tudo sugere a idéia de término terrestre. Como o preto, cor de passagem, pela qual tudo recomeça, o branco é emblema de luto em muitos países.

A harmonia do mundo, mais uma vez, estabelece-se sobre o antagonismo das forças. Os símbolos são suas faces variadas, sempre presentes.

Enquanto na interpretação cristã o preto significa o inferno, o Príncipe das Trevas, a morte, na tradição cabalística hebraica o negro é a cor da misericórdia e da compreensão.

Assim como o branco, para ser mais brilhante, precisa do azul, esse, à medida que se torna escuro, confunde-se e se identifica com o preto. Cronos, deus do Tempo, na Grécia, tinha suas estátuas pintadas de azul e de negro. Certos povos chegam a empregar o mesmo vocábulo para designar o azul e o preto. Entre os hebreus, essas cores eram igualmente as cores do luto.

No ano-novo, vida e morte estão presentes: morre um período para que outro possa renascer. É a aurora precedida pela noite e, dentro da ciência universal, a presença divina do branco.

Atenção: cuecas cisplatinas têm que ser brancas e novas.

Basta dar uma espiada nas praias brasileiras, de norte a sul, para ver a grande maioria vestida de branco. A influência do continente africano em nossos hábitos fica evidente nessa época. Na Armênia, também é costume vestir roupas brancas, principalmente íntimas.

Cores Secundárias
(por ordem de escolha)

Rosa – Expressão máxima do amor (vermelho), matizado pela constância, moderação e prudência (branco), tem aspecto duplo.

Ros é um vocábulo latino que significa orvalho, chuva. Dessa origem veio a idéia de purificação, de batismo, de regeneração. Como a água que vem do céu, através das nuvens e da condensação do vapor, beneficiando o mundo, também a sabedoria e a ciência beneficiam a humanidade sendo, portanto, ambas associadas ao cor-de-rosa.

As flores chamadas rosas nascem em meio a espinhos – mais uma evidência da duplicidade de sua natureza, contraste do perfume, textura e forma

rosas

suave das pétalas com a agressividade de sua origem. Os roseirais, no período em que não estão floridos, têm aspecto agreste, feio, sem graça. Surgem as flores, e a natureza resplandece em sua expressão mais pura de beleza.

Desnecessário enfatizar ser o rosa uma cor essencialmente feminina.

Símbolo da mulher, do ideal feminino, da própria mãe de Deus Salvador, a rosa foi escolhida como emblema da Cavalaria, instituição fundada sobre o respeito e idealização do Amor. Tendo uma rosa no lugar de Cristo, os Rosa-cruzes cunharam seu emblema.

Apesar de ser uma cor carnal, do inconsciente do seio materno, está intimamente associada ao pudor, à fecundação.

De forma ambivalente, o perfume das rosas é a essência feminina que nos traz de volta os odores sexuais e seu realismo brutal. É uma cor afrodisíaca que aciona os impulsos humanos primordiais.

Cromoterapicamente, o rosa é tido como redutor radical do estresse e do comportamento violento.

Amor e morte estão indissoluvelmente ligados. A exemplo do branco, do azul e do preto, também a cor rosa está associada à grande transformação da matéria viva em morta.

Símbolo de Vênus, do amor e da beleza, na Grécia era também o ornamento da coroa de Hécate, deusa da morte e dos feiticeiros gregos. Nessa época, eram oferecidas rosas nas encruzilhadas em homenagem a essa entidade, como hoje se vê em cultos de origem africana no Brasil. As igrejas cristãs também são ornadas com rosas. Desde tempos imemoriais, as rosas adornam a vida e a morte.

O número de pétalas da rosa silvestre, presente na coroa de Hécate, cinco, é tido como o numeral essencialmente feminino, associado tanto à Virgem Maria quanto a todas as deusas pagãs lunares. Maio, mês das noivas e de Nossa Senhora, é o quinto do calendário gregoriano.

No uso da cor rosa no ano-novo, a ênfase é com relação à beleza e à sedução. Vê-se a vida sob lentes "cor-de-rosa", como os poetas o fazem, e o que quer que seja criado e mantido nos pensamentos, de forma consciente ou não, tende a se concretizar na nossa vida.

A realidade é criada, durante todo o tempo, através de nossas atitudes, pensamentos e idéias.

Nas calcinhas baianas e uruguaias, no dia 1º, rosa é o *must*.

Verde – Considerada uma cor "fria", juntamente com o azul e o violeta, o verde é a cor da natureza por excelência, do nascimento, da vida, da primavera e, em decorrência, da renovação e do frescor.

Localizada no ponto médio do espectro das cores, simboliza o equilíbrio: meio caminho entre a natureza física e o espírito imortal.

Cor dominante dos vegetais, da água, rios, lagos e mar, está em oposição ao ver-

folhas

melho, assim como a água se opõe ao fogo e à terra. A clorofila é a antítese da hemoglobina.

No entanto, no grande círculo da vida e da morte, onde não há começo nem fim, verde e vermelho se misturam, reconstituindo a luz branca do sol, integrando os mundos animal e vegetal.

A primavera (no hemisfério norte, de 21 de março a 21 de junho), durante a qual a natureza se regenera, é simbolizada pelo verde. Dentre todos os meses, maio, mês das noivas, da Virgem Maria, da esperança, é o mês "verde" por excelência.

Símbolo da regeneração espiritual, do começo, da iniciação e da juventude, essa cor tem no cobre, cujos sais são verdes, e na esmeralda sua correspondência no mundo inanimado.

"Os verdes anos", "fulano ainda está muito verde para tal coisa" são expressões que transmitem claramente a idéia de inexperiência, de falta de amadurecimento que só a idade, ou o verão da vida, pode suprir.

O verde, como o azul, é uma cor feminina – enquanto o azul evoca pureza, o verde é uma cor terrestre.

Espiritualmente, o verde implica generosidade, tenacidade, sensibilidade e lealdade. Para os muçulmanos, as roupas verdes de Ali tornaram-se a própria cor do Islã.

Para Dinash P. Ghadiali, já citado anteriormente, dentre as cores primárias do espectro visível, o verde seria uma cor equilibradora muito poderosa, utilizada como estimulador da glândula pituitária e de todo o sistema orgânico vinculado a ela.

A posição harmônica do verde no arco-íris fez com que essa cor fosse identificada como o chacra cardíaco localizado no nível do coração, no centro energético do homem.

À falta do verde em muitas áreas urbanas atribui-se o aumento de criminalidade e degeneração do comportamento humano.

Ambiguamente, os elementos temidos nas florestas, como portadores de má sorte, os "duendes", são sempre identificados com essa cor.

Doenças, principalmente de fígado, que tornam o indivíduo amarelo-esverdeado, carreiam também sua dose de antipatia pelo verde.

Vermes, cobras e um número imenso de animais abjetos são esverdeados e repulsivos. A traição também é associada ao verde, assim como a inveja.

No ano-novo, sendo as cores sensações físicas e símbolos esclarecedores do fenômeno da vida, é na esperança de um mundo melhor que enquadramos o verde.

Como já foi citado, o verde é mais que detalhe, em Honduras, para trazer sorte. Também na Itália, fitinhas verdes são distribuídas como amuletos de fim de ano para ornarem lapelas e decotes.

A simbologia das cores, portanto, é um conceito universal. É uma forma de linguagem simbólica, uma entre todos os povos, desde épocas remotas, dentro do inconsciente coletivo ou *Anima mundi*.

Milhares de cores e nuanças não foram abordadas, por não terem sido escolhidas como "trazendo sorte". Permanecem na Alma do Mundo, cada qual com suas características, dentro do caleidoscópio universal, acionadas pela luz eterna e admiradas por todas as gerações – inclusive a nossa.

Não custa, no entanto, dar vazão a esse "passado" dentro de nós mesmos e usarmos as cores descritas ou optarmos por uma delas, sempre enfocando seus aspectos positivos e adequando-as à nossa personalidade.

Comidas

*"Deixe que a comida seja seu remédio
e que seu remédio seja sua comida."*

Hipócrates

Os hábitos e costumes relacionados à comida sempre foram uma forma de identificação das diversas sociedades, desde os primórdios dos tempos. São, na maioria das culturas, associados à hospitalidade. O ato de comer em conjunto é indicativo de interação social, pressupondo amizade e aceitação, enfatizando a consciência coletiva da perpetuação da espécie humana.

Cada povo e, dentro dele, os diferentes grupos que o compõem, estabelecem suas regras sobre o que deve ser consumido, em que quantidade e sob quais circunstâncias. Dessa forma, aos alimentos são atribuídos valores distintos, vinculados ou não à respectiva composição nutritiva.

FELIZ ANO-NOVO!

A comida marca a maioria dos ritos de passagem, tais como nascimentos, casamentos, cerimônias de iniciação, mortes e, é claro, a comemoração do ano-novo.

Nenhuma religião ou atividade simbólica humana subsiste sem um meio de representação material. A bebida e a comida adquirem importância, independentemente de seus valores intrínsecos, nas diferentes festas.

A mesa foi, é e será o principal ponto de reunião e congraçamento dos homens. Enquanto a fome é aplacada, decisões são tomadas, elos familiares e de amizade são reforçados e mantidos. O tilintar de copos, pratos e talheres é indispensável como fundo musical dos grandes eventos da vida.

As empresas da Malásia promovem um grande jantar de confraternização, de caráter obrigatório, ao qual compareçem patrões, empregados e respectivas famílias. Esse jantar chama-se "Tin Nin Fan" – *Tin* significa lavoura, *Nin*, ano e *Fan*, arroz no sentido de refeição – ou seja, a refeição que se tira da terra, do trabalho.

Nessa ocasião, são distribuídas gratificações decorrentes da divisão dos lucros da empresa – esse bônus normalmente supera tudo o que foi ganho durante o ano, sendo recebido de uma só vez.

A população, com a gratificação nas mãos, fica em condições financeiras de gastar com fogos, festas etc., o que contribui para o clima de alegria geral.

fogos

COMIDAS

No ano-novo, independente do calendário adotado, esse costume universal torna-se evidente.

A fartura à mesa, nessa época, reflete sempre a expectativa de abundância no futuro, de forma consciente ou não. A quantidade e a qualidade dos comes e bebes extrapolam as necessidades do dia-a-dia, comemorando a vida com otimismo e felicidade. De barriga cheia e de roupa nova, encara-se tudo com bom humor, ingrediente indispensável e infalível para a garantia do sucesso no ano seguinte.

A pesquisa resultou na apuração de vinte e sete alimentos diferentes cujo consumo, na virada do ano, objetiva trazer boa sorte. Obviamente, muitos outros itens são consumidos nessa época, mas não com essa finalidade específica.

Dentre as carnes, destacam-se: carneiro, cordeiro, ganso, leitão, peixe e porco.

As frutas são: uva, romã, tangerina, azeitona, maçã, laranja e castanha.

Das verduras, legumes e grãos foram citados: alho-porro, acelga, ervilha, lentilha, arroz, abóbora, beterraba e cenoura.

Além disso, o pão, o macarrão, o sonho e o mel também se revestem de significados especiais, bem como o vinho, o champanhe e o chá.

O simbolismo das cores também se faz sentir à mesa.

Nos países frios, no hemisfério norte, a carência de sol é suprida pela preferência por alimentos amarelos. O mel, o óleo e a manteiga, associados ao

uva, poncã, romã e laranja

Simbolicamente, o macarrão faz remissão à própria criação do mundo.

COMIDAS

calor e à luz, sendo substâncias altamente energéticas, são consumidos no inverno como substitutivos da cor do sol, de sua exuberância e ardor.

No campo espiritual, é comum atribuir-se aos alimentos propriedades divinas, além das corriqueiras e naturais. Oferendas, sob a forma de comida, sempre foram feitas aos deuses, desde os primórdios dos tempos.

É o meio de agradar mais antigo de que se tem notícia. O ditado "não é com fel mas com mel que se pegam moscas" exemplifica essa crença geral da força dos alimentos na obtenção do desejado.

É com uma maçã que Eva induz Adão a tentar igualar-se a Deus.

Jesus usa o pão e o vinho, na última ceia, como símbolos do seu sangue e corpo.

Assim, o ato de alimentar a si e aos outros tem inúmeras conotações místicas, como ficou evidenciado no levantamento feito.

Eva

ceia do Senhor

FELIZ ANO-NOVO!

Obviamente, a opção por esse ou aquele alimento também é decorrente da sua existência abundante no local e de sua importância econômica dentro da comunidade. Não se pode tirar leite de pedra, sendo aproveitado o que está à mão.

vinho

As uvas são citadas em primeiríssimo lugar, já que a maioria dos países consultados usam-nas como portadoras de boa sorte. A opção generalizada pela uva mostra que os símbolos apresentam constância nas religiões, sociedades e psiquismo individual. Prendem-se a situações análogas e evoluem dentro de determinados padrões. Note-se que as uvas são vermelhas ou verdes, transportando para esse tópico a preferência por essas cores, com ênfase quanto ao vermelho, descrito no capítulo anterior.

Cultivada há mais de cinco mil anos, a videira mereceu referências até na Bíblia. É originária da Ásia Menor, de onde se espalhou pela Europa e pelo mundo. Foi introduzida no Brasil por volta de 1532. A *Vitis Vinifera* adapta-se bem a todos os tipos de solo, resistindo tanto ao calor quanto à baixa temperatura, havendo cerca de 2.000 espécies. Analisando a fruta em si, além dos nutrientes mais conhecidos, tais como as vitaminas C, B6, potássio e riboflavina, as uvas são ótimas fontes de selênio, boro e quercetina, poderosos antioxidantes. Esses elementos reunidos aumentam o "bom colesterol", HDL, reduzem o risco de ataques cardíacos e retardam a ação do tempo. Têm como propriedades terapêuticas, entre outras, as seguintes: vitaminizante, diurética, depurativa, adstringente e colagoga.

Justifica-se, portanto, no campo físico, a preferência universal que atribui à uva a propriedade de trazer boa sorte no ano-novo.

As peculiaridades sobre como, em que quantidade e circunstâncias as uvas devem ser consumidas nessa data reiteram a aceitação unânime da positividade de seu consumo.

Começando pelo menor número de bagos, no Brasil, na Bahia, é costume comer três uvas brancas, virando-se de costas para a lua. Antes de comê-las, eleva-se cada uma delas aos céus e faz-se um pedido, três ao todo. O culto aos poderes da lua, evidenciado na expressão "nascer de bumbum virado para a lua", no sentido de ser uma pessoa de sorte, aparece vinculado às uvas.

uvas

No Chile, o número da sorte, nesse caso, é o sete – comem-se sete uvas e guardam-se as sementes para garantir prosperidade.

Voltando ao Brasil, em São Paulo, os rituais determinam que se comam doze uvas, enquanto que, em Minas, elas têm que ser consumidas nessa quantidade, com os pés fora do chão, sobre um banquinho ou cadeira.

São também doze as que a tradição no Equador manda comer, ao som de cada uma das badaladas do relógio, mentalizando-se felicidade.

Em Honduras e na República Dominicana, doze uvas selecionadas, as mais bonitas e perfeitas, simbolizam os doze meses do ano seguinte, comidas à meia-noite.

FELIZ ANO-NOVO!

No Panamá, o número é o mesmo, mas conta-se a quantidade de sementes encontradas — esse será o número de sorte da pessoa no próximo ano.

Doze são as uvas e doze os pedidos feitos à meia-noite do dia 31 de dezembro, na Venezuela e no México.

Assim, Chile, Equador, Honduras, República Dominicana, Panamá, Venezuela, Uruguai e Brasil unem-se na tradição das uvas, trazidas pelos colonizadores europeus e pelas imigrações posteriores.

Indo além, são pouquíssimas as pessoas que não gostam de uva, de um tipo ou de outro. Dessa forma, não sendo sacrifício, não custa nada fazer também uma "fezinha", unindo o útil ao agradável.

Em segundo lugar, como alimento portador da sorte, durante a ceia, estão o leitão e o porco. Sua sina deve-se ao fato de que o animal fuça para a frente, impelindo a vida também para adiante. Além disso, o alto teor de gordura da sua carne, nos países do hemisfério norte, ajuda a combater o frio. Cem gramas de carne de porco gorda produz cerca de 276 calorias que proporcionam combustível para a energia gasta pelo corpo, principalmente no ano-novo.

pernil

Países como a Rússia, Itália, Hungria, Uruguai e Brasil têm esse tipo de hábito quanto à carne típica das festas de fim de ano.

Na Itália, a perna do porco é servida com lentilha (*zampone*), símbolo do dinheiro e da prosperidade.

COMIDAS

Na Hungria, o leitão é assado, sendo desaconselhável comer peixe ou frango nessa data. O frango, peru e faisão ciscam para trás, o que lhes garante não ir para a panela no ano-novo. Traz sorte para eles, que são preservados.

As aves, sob esse ponto de vista, não devem ser consumidas na ceia, pois atrasam a vida. Evita-se carne de siri e caranguejo, pelo mesmo motivo.

O churrasco de leitão é servido no Uruguai, ao lado do cordeiro assado, também como símbolo de bom augúrio.

No Brasil, de norte a sul, o porco é consumido nesta data. Em Minas, o focinho do leitão deve ser repartido entre todos os comensais para a garantia de sucesso e ascensão na vida.

caranguejo

O leitão e o porco assados são dourados, ou seja, amarelo-escuros, o que torna a enfatizar, nos alimentos, a importância das cores.

Simbolicamente, esse animal é associado à comilança, à gula, à perversidade e à luxúria. A fêmea da espécie, no entanto, representa a fecundidade e a abundância. Nut, deusa do céu e dos astros, para os egípcios, era representada como uma porca amamentando seus filhotes, que seriam as estrelas. Diversos povos orientais, dentre eles os sino-vietnamitas, também apresentam a riqueza e a prosperidade sob a forma de uma porca.

Na realidade, o consumo da carne de porco, há tempos, era de alto risco, face às doenças que transmitia e à grande probabilidade de se estragar, pelo desco-

O frango, o peru e o faisão ciscam para trás, o que lhes garante não ir para a panela no ano-novo.

COMIDAS

nhecimento dos processos de congelamento e conservação dos alimentos. Os métodos atuais de criação, abate e transporte do porco de corte garantem um alimento saudável. A suinocultura de hoje impõe a limpeza das cevas, seleção de reprodutores e de tipo de alimentação reduzindo, inclusive, o alto teor de gordura e oferecendo uma carne de porco magra, sem perda de sabor, inegavelmente extraordinária.

Imagine-se, portanto, que comendo porco ou leitão, as alegrias do ano-novo serão tão numerosas quanto os filhos de Nut, isto é, quanto as estrelas do céu.

Em terceiro lugar aparece o arroz, ou seja, *Orysa Sativa*, Lineu, o cereal alimentício de quase todos os povos. Grosso modo, a metade da população da Terra, incluindo o sudeste e leste asiáticos, é dependente do cultivo do arroz. A palavra "arroz" em algumas culturas confunde-se com "comer". É uma planta anual que varia de quarenta centímetros a um metro de altura, aproximadamente. Seu caule é fino, com folhas estreitas e alongadas, em cuja ponta desabrocha o arroz sob a forma de sementes.

arroz

A origem do arroz ainda não foi esclarecida. Os primeiros achados arqueológicos datam de cerca de 4.000 anos antes da era cristã. O arroz está para a Ásia assim como o pão ou o trigo estão para a Europa, em termos de consumo. Alguns autores dizem-no originário da Índia, tendo sido propagado seu consumo por Alexandre, o Grande.

trigo

Terapeuticamente é antidiarréico, diurético, hipotensor, energético e anabolizante.

Com baixo teor de gordura, o arroz, principalmente o integral, contém grande quantidade de tiamina (vitamina B1), magnésio, vitamina B6, ferro, niacina e fibra. Além dos minerais e vitaminas citados, cem gramas de arroz polido cozido fornecem cerca de 167 calorias e 32,3 gramas de glicídeos, fontes de energia necessária à vida, sob a forma de glicogênio e glicose.

Cromoterapicamente é um alimento branco, ou seja, cor da própria divindade, não podendo, pois, estar ausente na refeição mais importante do ano.

Simboliza a riqueza, a abundância, a fertilidade. Jogam-se grãos de arroz nos noivos em função dessa representação transcendental de perpetuação da espécie.

Vida, morte e imortalidade são conceitos inerentes ao fim de um período e início de nova etapa.

A semente, de forma atemporal e por si só, é o símbolo mágico do ciclo infinito da vida, já que renasce depois de enterrada – a vida provém da morte, como Fênix, da mitologia grega e, indo além, como Cristo, na Ressurreição, cabendo a cada cultura inflexão própria. O fim de um ciclo e o início de outro traz sempre ansiedade e expectativa – germinará a semente? Será um bom ano?

Assim, as Guianas, Dinamarca, Coréia, Japão e Líbano unem-se na crença multicultural de que o arroz traz sorte.

Na véspera do ano-novo, os guianenses preparam uma refeição que consiste, basicamente, em arroz e ervi-

A semente, de forma atemporal, é, por si só, o símbolo mágico do ciclo infinito da vida.

FELIZ ANO-NOVO!

lhas, que só deve ser consumida após a meia-noite. Acredita-se que se o Espírito do ano-novo encontra os potes cheios de comida, eles nunca ficarão vazios.

Nas fazendas da Dinamarca, um tipo de arroz doce é ofertado em potes, no sótão dos estábulos, aos gnomos, para que eles cooperem e não incomodem no ano seguinte. (Talvez essa tenha sido a falha em Brasília, com relação aos "Anões do Orçamento"...)

Na Coréia, no 1º dia do calendário lunar, além dos vinhos e comidas preparadas às vésperas, especialmente para a ocasião, serve-se, como prato principal, uma sopa de bolo de arroz (*ttokkuk*) e uma bebida doce de arroz fermentado chamada *shikbye*.

Os coreanos só se consideram um ano mais velhos depois de comerem a gamela de *ttokkuk*.

Considerando que no Líbano é costume, para que o ano seja de muita sorte, comer somente comidas brancas, na passagem do ano o arroz faz-se presente à mesa.

No Japão, acredita-se que comer o arroz sob a forma de um bolinho chamado *mochi* traz vida longa e boa sorte. Atualmente, essa iguaria encontra-se à venda em lojas especializadas, mas há ainda as famílias que cumprem o elaborado ritual de prepará-lo em casa: o *mochitsuki*. O arroz empregado é diferente do consumido no dia-a-dia, sendo de consistência mais pegajosa. É deixado de molho, de um dia para o outro, e, depois de cozido no vapor, é colocado num pilão onde é batido, sendo a seguir peneirado. Pilão e peneira são umedecidos com água para evitar que a massa fique gru-

arrozal

dada neles. Várias pessoas participam do preparo, batendo e revirando a massa, de forma rítmica e organizada, tornando-o um verdadeiro trabalho de grupo.

Quando fica "no ponto", a massa de arroz é passada em farinha e cortada em pedaços. Os bolinhos podem ser assados, fritos ou cozidos em sopas. O *ozôni* é uma sopa típica de ano-novo que leva *mochi*, pasta de peixe ou frango e cereais.

Os bolinhos de arroz, em número de dois ou três, dispostos um menor sobre outro maior, em cima de duas folhas brancas de papel, são colocados, pela dona da casa, num lugar especial da sala chamado *tokonoma*, um tipo de altar xintoísta com fotos dos antepassados. Essa disposição denomina-se *kagamimochi* porque os bolinhos são redondos como espelhos (*kagami*), usados pelos ancestrais japoneses. Sobre os bolinhos põe-se uma laranja e decora-se com algas marinhas (*konbu*), caqui seco, lagostas e, muitas vezes, tomates.

Quando terminam as comemorações de ano-novo, por volta do dia 10 ou 15 de janeiro, é desfeito o altar, e as famílias dividem o bolinho maior, como símbolo de felicidade e prosperidade no ano que se inicia.

No Japão, o arroz participa de diversos ritos, tendo sido introduzido pelo príncipe Ninigi, neto de Amaterasu, sendo símbolo da abundância provida pelos deuses. No dia-a-dia, antes da refeição, põe-se um pouquinho de arroz no altar.

Hoje em dia, no Ocidente, a culinária japonesa popularizou-se. Não custa procurar um estabelecimento que venda o *mochi* pronto, e comer um pedacinho que seja, no ano-novo, tornando esse ato mais um elo na corrente de mentalização positiva.

No Brasil, em busca de felicidade, à meia-noite do dia 31 de dezembro, alguns cariocas vestidos de branco, com o pé direito descalço e pisando no chão, jogam um punhado de arroz na porta da frente da casa fazendo pedidos.

Outro cereal destaca-se além do arroz: a ervilha (*Pisum Sativum*), proveniente da Ásia Ocidental e introduzida na Europa através da Índia. É sabido que o homem consome ervilhas desde 9.700 a.C., no sudeste asiático. Em Roma, na Antigüidade, eram vendidos, pelas ruas, potes contendo sopa de ervilha. Na França, na corte de Luís XIV, a ervilha era objeto de gozação entre seus súditos, já que tanto sua esposa, Maria Theresa, filha de Felipe IV, rei da Espanha, quanto sua amante predileta, Madame de Montespan, adoravam comer ervilhas. Matriz e filial dividiam o homem e suas ervilhas.

O consumo desse cereal era também extremamente difundido na Inglaterra, onde há o provérbio: "Coma ervilhas com o rei e cerejas com o mendigo."

Gregório Mendel serviu-se da ervilha para fazer os primeiros experimentos que revolucionaram a genética.

Tem como propriedades terapêuticas o combate à artrite, à asma, ao câncer e o controle do colesterol. Sendo pobre em gorduras, é vitaminizante, energética, nutriente e tônica. Tem alto teor de proteínas e açúcares. Meia xícara de ervilhas cozidas fornecem 67 calorias, 4,3g de proteínas, 12,5g de carboidratos, 3,0g de fibra, além de cálcio, fósforo, vitaminas A, B2, niacina e C.

Como todos os grãos, morre e surge de novo, multiplicada em muitos outros, na planta que gera. Além disso, a semente evoca a vida subterrânea.

A ervilha e o arroz, nas Guianas, aparecem juntos, no ano-novo, como símbolos de abundância, pedindo fartura às entidades espirituais.

Na Letônia, preparam-se ervilhas secas cinzas, fervidas em água e sal, especialmente para o ano-novo. A porção feita tem que ser consumida até a meia-noite, não podendo sobrar nada, para que não haja lágrimas no ano seguinte. Nesse caso, talvez seja a influência da cor que identifica o prato com a tristeza. No entanto, das cinzas renasce o pássaro Fênix – toda a associação à morte tem como contrapartida o retorno à vida. Na Quarta-Feira de Cinzas, celebra-se que o homem provém das cinzas e a ela retornará (*pulvis es et in pulverem reverteris*), no grande círculo da existência.

Cinza é o que resta, após a consumação do corpo pelo fogo. Assim, sua relação com o nada lastreia o ato de comer ervilhas cinza no fim do ano – apaga-se o passado, imunizando-se o futuro contra o mal, como faz a tradição cristã quando usa cinza benta para consagrar as igrejas novas.

Ano-novo, vida nova.

Retornando às carnes, o consumo de peixe, no ano-novo, é preconizado em diversos países, tais como Taiwan, Israel e Letônia, como portador de boa sorte.

FELIZ ANO-NOVO!

peixe

O peixe sempre foi considerado um alimento saudável. Hoje em dia, as pesquisas médicas comprovaram que há substâncias contidas nessa carne, os ácidos "Omega 3", que ajudam a reduzir o mau colesterol (LDL), a afinar o sangue, a diminuir o teor de gordura na circulação, a reduzir as dores e a falta de elasticidade das juntas, nos casos de artrite, bem como a aliviar certos efeitos danosos da colite ulcerativa.

A atuação desses ácidos reduz em até 40% o risco de ataques cardíacos e embolias, mantém a pressão sangüínea em níveis normais e torna os indivíduos diabéticos mais sensíveis à insulina por eles produzida.

O estudo das propriedades terapêuticas dos peixes aprofundou-se quando os dinamarqueses constataram que, apesar da ingestão exagerada de banha pelos esquimós, não havia grande incidência de enfartes ou problemas de depósito de gordura nas veias. Terminaram por concluir que o altíssimo consumo de carne de peixe era o responsável pela saúde desse povo.

Além disso, os peixes são menos calóricos que as demais carnes, se preparados da mesma maneira, e contêm cálcio, fósforo, ferro e vitaminas A, B1, B2 e niacina.

Quando se fala em peixe, faz-se imediata associação com a água. Como antes de emergirem os continentes ela recobriu todo o globo, associa-se com a própria vida, o nascimento.

Povos indo-europeus consideravam-no símbolo da fecundidade, face ao grande número de ovas que

COMIDAS

coloca e sua capacidade de reprodução. O peixe, entre os índios da América Central, é cultuado como Deus do Milho, devido ao fato de as águas onde vive abandonarem seus cursos regulares durante as inundações, devastando, mas umidificando o mundo para permitir o renascimento da vida. Na mitologia greco-romana, Apolo era representado por um golfinho e, no Extremo Oriente, graças à característica da espécie de nadar em cardumes, era tido como símbolo da união.

O falo masculino confunde-se com o peixe e, em algumas religiões sírias, as deusas do amor aparecem sob essa forma. Os chineses representavam a sorte e a alegria como um peixe e uma cegonha.

Mais que todas, a religião cristã utiliza esse animal como símbolo do próprio Cristo, pescador de almas, da Eucaristia e dos seus seguidores.

Astrologicamente, o signo de Peixes compreende o período de 20 de fevereiro a 20 de março, época dos grandes degelos no hemisfério norte. Regido por Júpiter e Netuno, supõe-se que as pessoas nascidas nessa época são intelectualizadas e voltadas para seu mundo interior, o que torna o peixe símbolo também do psiquismo.

Em Israel, no ano-novo judeu, o Rosh Hashaná, há uma bênção especial para cada alimento e, além dos pratos característicos de cada país, alguns têm um significado especial. Dentre eles aparece o peixe, de preferência a cabeça e, por determinação bíblica, sempre com escamas e barbatanas. A cabeça significa as aspirações mais

altas, a ênfase às partes superiores dos animais e dos homens. Seu preparo varia de acordo com a comunidade. É servido como recordação da promessa bíblica "O Senhor fará com que sejas cabeça e não cauda...". Demonstra desejo de liderança e busca de um mundo melhor. Os judeus associam, como outros povos, o peixe à fertilidade, celebrada nessa época.

Na ilha de Formosa, em Taipé, capital de Taiwan, a família reunida come um peixe. Em chinês, *U*, peixe, foneticamente tem o mesmo som da palavra "abundância", fazendo-se a analogia do prato com o substantivo abstrato. Um detalhe: tem que sobrar sempre um pouquinho – o excedente equivale à abundância do ano seguinte.

Já na Letônia, prepara-se um peixe, de preferência uma carpa, a ser comida na ceia. Ao limpá-lo, separam-se algumas escamas grandes que, depois de secas, serão presenteadas, antes da meia-noite, aos amigos para que nunca lhes faltem meios de sobrevivência.

Não se pode esquecer que no preparo da sopa onde é cozido o *mochi* japonês, há caldo ou extrato de peixe. Associando-se o mito às vantagens de seu consumo, convém ter à mesa, no ano-novo, um peixe, favorecendo os que não desejam ingerir comidas muito pesadas e garantindo opulência no ano seguinte.

As lentilhas (*Lens Esculenta*), originárias do Oriente e introduzidas na Europa pelos romanos, aparecem, dentre os alimentos que trazem boa fortuna, para os italianos, tchecos, venezuelanos e chilenos.

É um alimento antianêmico, antidiarréico, antiinflamatório, energético e neurotônico. Cerca de cem gramas de lentilhas cozidas fornecem 125 calorias, fósforo, cálcio, ferro e vitaminas do grupo B.

Os franceses, principalmente no século XVIII, associavam esse grão à "pinta" que as mulheres simulavam no rosto com maquilagem, chamando-a *grain de beauté*, ou seja, grão de beleza.

As lentilhas são citadas na Bíblia, no Gênesis, no episódio em que Esaú e Jacó, filhos de Isaac, negociam o direito à primogenitura por um prato de sopa feito com esse grão.

Como as ervilhas também evocam a morte e o renascimento, do grão enterrado na terra renascem múltiplos grãos.

Acompanhando a perna de porco, na Itália, a lentilha indica multiplicação de moedas. Atrás de sorte, paz e dinheiro, na República Tcheca, na ceia do dia 31, também não pode faltar esse prato. No Chile, a comida a ser consumida no primeiro minuto do ano-novo tem que ser lentilhas, para que não falte *la plata*. Na Venezuela, por motivo idêntico, comem-se lentilhas à meia-noite.

Como alimento essencial da humanidade, o pão não poderia estar ausente na passagem do ano.

O pão é derivado do trigo, da família das gramíneas, o cereal mais disseminado no mundo atual e cuja cultura é uma das mais antigas de que se tem notícia. Provindo da Ásia Menor, Palestina e Mesopotâmia, o trigo perdeu sua importância na Idade Média, ressurgindo no século XIX.

FELIZ ANO-NOVO!

Terapeuticamente, os produtos feitos com trigo, *Triticum Sativum*, dentre eles o pão, têm as seguintes propriedades: combatem a constipação intestinal, diverticulite e outros problemas correlatos, pelo alto teor de fibras insolúveis que contêm; reduzem o risco de câncer de cólon, como decorrência da movimentação fecal; diminuem o risco de câncer de mama, pela redução de nível de certos estrogênios a ele relacionados, e aliviam as úlceras estomacais, por regularem a produção de ácidos e enzimas.

Apesar do ditado "nem só de pão vive o homem", a maioria dos povos o consome, sob as mais variadas formas.

Na religião cristã, o pão é o corpo de Deus encarnado, oferecido aos fiéis na Eucaristia, sob a forma de hóstia consagrada, através da qual é conquistada a vida eterna.

É o alimento elaborado, puro por excelência – aquele que não pode ser negado a ninguém que o peça.

Assim, no ano-novo judeu, o *chalá*, pão redondo espiralado, sem ângulos nem arestas, representa a oração pela paz e harmonia no plano individual e coletivo. Considerando que o círculo não tem início nem fim, o *chalá* exprime que a felicidade, do mesmo modo, deve ser contínua. A espiral é o movimento circular prolongado indefinidamente, simbolizando o aspecto evolutivo do homem na dinâmica da vida.

Na Iugoslávia prevalece o espírito lúdico: fazem-se pequenos bolos de massa de pão,

pão

com diferentes formas — uva, barril, porco, frango, menino, menina, árvore etc. Cada uma é relacionada a um desejo determinado, ou seja, boa colheita, melhoria no rebanho, filhos, saúde, dinheiro etc. Após a meianoite, comem-se os bolinhos, na esperança de que os sonhos se realizem no ano que se inicia.

A maçã (*Pirus Malus*) comparece como mensageira da sorte, limpando um pouco seu passado funesto de fruto da perdição, com o qual Eva induziu Adão a tentar igualar-se a Deus, e de pomo da discórdia.

Planta da família das rosáceas, a macieira é uma árvore de porte médio que, quando carregada de frutos maduros, torna-se realmente tentadora pela sua beleza. Como árvore da vida, do conhecimento do bem e do mal, seu fruto é símbolo de renovação, juventude eterna. Contém em seu interior, pela disposição das sementes, uma estrela de cinco pontas, ou seja, um pentagrama, que representa o saber. O cultivo da maçã data de milhares de anos, provindo da Ásia Ocidental e introduzido, posteriormente, na Europa. Pode ser encontrada hoje em dia, inclusive em estado silvestre, em diversas regiões européias. Desenvolve-se melhor em climas temperados, motivo pelo qual adaptou-se ao sul do Brasil.

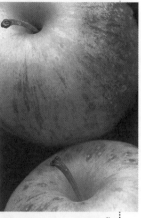

maçã

Há um ditado inglês que diz: "Eat an apple on going to bed, and you'll keep the doctor from earning his bread", ou seja, coma uma maçã ao deitar e impeça o médico da vida ganhar. Isso se deve às qualidades medi-

Na Grécia antiga, as frutas ofertadas aos deuses eram untadas de mel.

cinais dessa fruta, consumida desde a época remota das pirâmides do Egito até nossos dias.

As maçãs são ricas em boro, ferro, vitamina B2, potássio e fibra, contendo aproximadamente 81 calorias por unidade, de tamanho médio, com casca. Em decorrência disso, auxiliam na prevenção de infecções no trato respiratório graças às suas propriedades antibacterianas e antivirais. Protegem o sistema cardiovascular, mantêm o açúcar do sangue sob controle e aliviam os sintomas da menopausa em algumas mulheres.

Sob a ótica das cores, o vermelho vivo e brilhante da casca das maçãs evoca a cor do sangue, da vida, da paixão, da imortalidade.

Oferecida no dia da criação do mundo, comemorada na ceia do ano-novo judeu, a maçã molhada no mel exprime o desejo de que todos tenham uma vida preciosa e doce, como o mel que a reveste.

É comum nas feiras, parques e circos a tentadora maçã do amor, bem luzidia e pedindo para ser comida. Esses pomos de ouro do Jardim das Hespérides, como se vê, mantêm sua magia e simbolismo desde tempos imemoriais.

Na Grécia antiga, as frutas ofertadas aos deuses eram untadas de mel. Açúcar natural que as abelhas trabalham, transformam e combinam com substâncias específicas, o mel é altamente energético e prontamente assimilado pelo sangue.

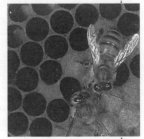

mel de abelhas

No Olimpo, os deuses gregos alimentavam-se de néctar e ambrosia. O primeiro, após a eliminação da água e a inversão do açúcar composto em açúcar simples, dá origem ao mel. Assim, de uma forma ou de outra, pode-se comer a comida dos deuses, elaborada pelas abelhas, cujas qualidades alimentares e reconstituintes são cientificamente provadas.

Na Rússia, a maçã surge como acompanhamento para o clássico ganso, consumido no ano-novo, mensageiro da boa fortuna.

O ganso simboliza a fidelidade conjugal. À jovem com a qual se pretende casar, na Rússia, Ásia Central e Sibéria, dá-se figurativamente o nome de ganso.

No Egito e na China, esse animal era ponto de ligação entre os homens e os deuses, enquanto que Juno, na Roma antiga, tinha seu templo guardado por gansos sagrados que grasnavam em caso de perigo.

Até hoje, sacrifica-se um ganso na passagem do ano, na África do Norte, como oferenda religiosa, para garantir um bom porvir.

Tendo uma das mesas mais prolíferas em matéria de símbolos de boa sorte, Israel prestigia a acelga, a beterraba, a romã, a cenoura, a abóbora e o alho-porro. A acelga, introduzida no Brasil através da Europa, prefere climas frios ou amenos. É consumida há milhares de anos na Ásia Menor, Grécia, Roma e Oriente Médio. Aristóteles, em seus escritos, faz menção à acelga. Terapeuticamente, por seus componentes químicos, é antiespasmódica, diurética e laxante. Excelente fonte de betacaroteno e vitamina C, contém magnésio, ferro, potássio e cálcio. Como se sabe, o betacaroteno e a vitamina C ajudam o organismo a combater viroses, cân-

COMIDAS

cer e outras mazelas. É também imprescindível na oxidação do mau colesterol.

No Rosh Hashaná é servida como salada, fervida e temperada. A palavra *karta*, ou seja, acelga, em hebraico, significa, literalmente, cortar, anular, desfazer. Assim, o consumo de acelga implica o corte da infelicidade, porventura havida no passado.

A beterraba (*Beta Vulgaris Rapa*) é uma hortaliça cuja cultura é proveniente da Ásia Ocidental e costas mediterrâneas; era, inclusive, de consumo corrente na Roma antiga.

É uma hortaliça com efeito antianêmico, cardiotônico, anti-reumático e calmante.

Sua belíssima cor, púrpura, simboliza a morte e a regeneração de forma ambivalente.

A beterraba, *selek* em hebraico, assemelha-se foneticamente a *histalek*, que significa remover, no sentido de afastar os inimigos desse povo do seu meio.

A abóbora (*Cucurbita Moschata*), no Nordeste brasileiro conhecida como jerimum, é uma hortaliça com propriedades laxativas e diuréticas.

A abóbora, juntamente com o milho e o feijão, era conhecida desde a época pré-colombiana pelos maias, incas e astecas. É riquíssima em betacaroteno, contendo também ferro, vitamina C, magnésio, potássio e fibras.

Símbolo da estupidez na França e da inteligência na África, surge no Rosh Hashaná representando a abundância e a

abóbora

A comida marca a maioria dos ritos de passagem.

COMIDAS

fecundidade em razão do grande número de suas sementes. Mais uma vez, a regeneração espiritual e a imortalidade aparecem sob essa forma, associadas ao ano-novo: no norte do Laos é consumida no começo da primavera quando se inicia o ano, de acordo com o calendário baseado nas estações, dentro do perpétuo ciclo da vida. Também no Haiti, a abóbora é considerada como portadora de boa fortuna, se consumida no ano-novo.

A cenoura (*Daucus Carota*), raiz de uma hortaliça que prefere climas amenos e solos arenoargilosos, nativa da Ásia, espalhou-se primeiramente pela Grécia, depois Roma e posteriormente no resto da Europa. A cenoura consumida atualmente é resultado de cruzamentos feitos pelos plantadores holandeses.

Sendo o alimento natural mais rico em caroteno, substância transformada pelo organismo em vitamina A, é igualmente rica em potássio, ácido fólico, vitamina C e B6.

hortaliças

Terapeuticamente, é alimento auxiliar nos casos de xeroftalmia, afecções hepáticas, anemias, cólicas nefríticas e outros.

No Rosh Hashaná há um prato especial, *tzimes*, feito com cenouras refogadas no mel. Por ser adocicado, prenuncia doces momentos no novo ano. As rodelas douradas de cenouras assemelham-se a moedas, indicando prosperidade. Além disso, a forma circular se reporta

Tendo uma das mesas mais prolíferas em matéria de símbolos de boa sorte, Israel prestigia a acelga, a beterraba, a romã, a cenoura, a abóbora e o alho-porro.

ao mito do eterno retorno. Sob o enfoque das cores, o *tzimes* pode ser considerado cor de ouro, símbolo do conhecimento e da imortalidade.

Ao norte de Nova York, em New Hampshire, na Nova Inglaterra, existe a crença de que, se as cenouras não forem colhidas na época certa, alguém da família morre antes da virada do ano.

Como a cenoura é gostosa e faz bem, principalmente à visão, convém tê-la à mesa com freqüência, principalmente no dia 31 – todo o mundo vai ver o ano-novo com bons olhos!

O alho-porro, conhecido pelos botânicos como *Allium Porrium*, e também como alho-poró, é usado pelo povo de Israel na ceia. Da família das cebolas, tem uma estrutura tunicada, ou seja, disposta em várias camadas concêntricas. Sua presença, nessa época, deve-se à forma circular elíptica que faz remissão à evolução, continuidade cíclica da vida. Apesar de ter extremidades verdes, o alho-porro é, basicamente, branco, uma cor de passagem – morte de um ano precedendo o nascimento de outro.

Acreditava-se que quem tivesse um alho-porro consigo, sairia ileso das guerras; talvez seja esse o motivo de sua existência no emblema nacional do País de Gales. Nas batalhas contra os saxões e de Poitiers, os gauleses portavam bandeiras com essa estampa. Mais uma vez, é interessante observar como, mesmo atribuindo valores simbólicos diferentes, um único alimento é tido por dois povos, de origens tão distintas, como portador de bons fluidos espirituais.

FELIZ ANO-NOVO!

Fica, então, a sugestão: quem não gostar de alho-porro, manda fazer um brochinho com a sua forma ou mesmo coloca um pedacinho do próprio na lapela ou no vestido, como enfeite, na noite de ano-bom, para espantar o mal.

carneiro

O carneiro é consumido nas festas de Rosh Hashaná, enquanto que no Uruguai o cordeiro, sob a forma de churrasco, faz parte das comemorações de ano-novo. Também na Líbia, a ovelha é o prato forte. Lá, comemora-se o final do ano-novo lunar, chamado *Alaid Alkabir*, com duração de três dias (do dia 10 ao dia 13 do último mês lunar). Nesse período, as pessoas vão para a mesquita às 8 horas da manhã e ficam ali orando por uma hora. Depois disso, cada família retorna a sua casa, sacrifica uma ovelha, doa metade para os pobres e come a outra metade.

O cordeiro e o cabrito simbolizam a primavera, consagrada a Hermes, mensageiro dos deuses. A primavera é o renascimento, quer da natureza quer do homem, perpétuo reinício do ritmo da vida. O carneiro era identificado com Zeus, dos gregos, e com Ámon, do Egito. Persas, hebreus, sírios, turcos e posteriormente os chineses atribuíam o nome de carneiro à mesma constelação. Determinismo, obsessividade, efervescência, vitalidade incandescente são atributos inerentes a esse símbolo.

No século II a.C., Hiparco, sistematizando a astronomia, reconheceu o carneiro como o primeiro dos signos do Zodíaco, que compreende o período de 21 de março a 20 de abril, no hemisfério norte, correspondente à transição do frio para o calor.

Em memória de Abraão, imolando seu filho em cumprimento às determinações divinas, o carneiro no ano-novo judeu lembra aos homens a obediência às leis de Deus — que devem ser respeitadas e seguidas.

Para as comunidades católicas, o cordeiro simboliza o próprio Cristo e também seus seguidores; o mundo teria sido desperto para a existência da vida após a morte, através de Jesus, o Bom Pastor.

Assim, o carneiro encarna um rito de passagem: símbolo do fogo, da fecundidade e da imortalidade.

Variam os pratos, mas a base simbólica é uma só: o reinício. Não é demais lembrar que o feitio dos chifres desse animal é espiralado, retomando a idéia do círculo eterno da vida. Mais um item para ser levado em consideração quando a ceia for planejada.

Voltando às frutas, a romã, com sua enorme quantidade de sementes, não poderia escapar como símbolo de fartura, fertilidade e posteridade numerosa. A multiplicação de bênçãos divinas, que devem ser tão numerosas quanto os grãos da romã, é o pedido feito pelos judeus, no Rosh Hashaná, ao comerem a fruta. As sementes, comidas em setembro, vão parar debaixo do travesseiro, para atrair fortuna.

Em português, os sinônimos para a palavra *romã* fazem menção ao número de pevides: milgreira, milgrada, miligrã e miligrana. Originária da África, a *Punica Granatum* adaptou-se bem ao Brasil, principal-

romã

mente ao Paraná, à Santa Catarina e ao Rio de Grande do Sul.

No nordeste brasileiro, o folclore determina que sete caroços de romã sejam chupados e guardadas as sementes nos quatro cantos da casa.

Terapeuticamente, é uma fruta mineralizante, antiinflamatória, adstringente e eupéptica. Cada unidade fornece, em média, 104 calorias, 26,5mg de carboidratos, 5,1mg de fibras, 1,5mg de proteínas, 9,4mg de vitamina C e 399mg de potássio.

Símbolo nacional da Espanha, a romã, desde tempos imemoriais, foi tida como fruto ligado à fertilidade, na China, Pérsia, Grécia e Roma, entre outros.

Quando as mães chinesas oram por seus filhos, oferecem à deusa da misericórdia os frutos do romanzeiro. Na arte cristã, eles representam a esperança.

Na Turquia, as noivas lançam ao chão uma romã e contam o número de sementes espalhadas, que corresponderá à quantidade de filhos que terão.

Na Dinamarca, antes do Natal, as famílias costuram "botas" de feltro para recolher as lembranças compradas ao longo do mês e saquinhos de pano feitos para guardar os grãos de romã, chupados no dia 31 – são ao todo doze: seis mantidos na pequena bolsa e seis jogados na água para atrair saúde e paz. As meias contêm também um porquinho e um ímã para atrair dinheiro.

De acordo com a mitologia grega, Hades seduziu Perséfone oferecendo-lhe uma semente de romã para comer. Por esse deslize, ela foi obrigada a passar parte do ano nas trevas e parte com os imortais na luz – basicamente isso é o que se passa com todas as sementes ao serem enterradas no solo, ao germinarem.

Sob a ótica das cores, as sementes da romã madura são vermelhas e brilhantes, um dos tons mais difundidos dentre os usados no ano-novo, simbolizando o fogo, o sangue, a vida animal, a integração do indivíduo na comunidade, o princípio vital.

No dia de Reis, seis de janeiro, comemora-se a visita dos reis magos Gaspar, Balthazar e Melchior ao estábulo onde nasceu Jesus, com ofertas de ouro, incenso e mirra, em reconhecimento à vinda do Rei dos Reis. No Brasil, a tradição manda segurar entre os dentes três sementes de romã, rogando-se dinheiro para o ano seguinte e invocando pelo nome de cada um dos Reis Magos. As sementes são guardadas até o ano seguinte, na carteira, envoltas em papel branco, quando são jogadas fora, de preferência no mar, num rio ou, em sua ausência, em água corrente, renovando-se os pedidos. Há, no entanto, muitas pessoas que cumprem esse ritual na passagem do ano. Tanto numa data, quanto noutra, o importante é a mentalização da fortuna, do equilíbrio e da harmonia. A origem provável desse rito baseia-se no conceito primordial das funções dos verdadeiros reis, que implica indivíduos que assegurem a prosperidade de seus súditos. Arrecadam impostos que devem ser devolvidos sob a forma de serviços públicos eqüitativos – distribuem benesses e garantem a justiça e a paz.

FELIZ ANO-NOVO!

Assim, os Reis Magos são chamados a cumprir essa missão na vida dos que a eles ofertam os grãos de romã. Afinal, não custa nada, não é mesmo?

A tangerina (*Citrus Nobilis*) marca presença nas festas de passagem de ano. No Brasil, de acordo com a região, é também conhecida como mexerica, bergamota, mandarina, laranja-cravo, tangerina-do-rio. Conhecida na Ásia há mais de 4.000 anos, teria dado origem ao nome de Tanger, cidade do Marrocos. Tem preferência por solos sílico-argilosos, temperaturas elevadas e não resiste a geadas.

A tangerina contém vitamina C, betacaroteno, ácido fólico e pectina. Os dois primeiros elementos já foram abordados. O ácido fólico aumenta a resistência do sistema imunológico, e a pectina, uma fibra solúvel existente nas membranas e na pele da tangerina, combate o LDL, aumentando o HDL, o bom colesterol, o que ajuda a prevenir doenças cardíacas.

É também atribuída à tangerina propriedades antilíticas, anti-reumáticas e neurotônicas.

Na Malásia, não pode faltar à mesa, no ano-novo, a tangerina *ponkam* – *kam* significa ouro e, conseqüentemente, boa sorte e prosperidade para os da casa e para as visitas.

O ouro brilha tanto quanto a luz e é símbolo do conhecimento e da imortalidade para os povos, desde a Antigüidade. A auréola em torno da cabeça de Jesus e dos santos é sempre dourada, identificando-a com a sobrevida divina, com a luz solar.

COMIDAS

Considerando que no Brasil é uma fruta bastante comum e acessível, nada mais aconselhável que adicioná-la às sobremesas do *réveillon*.

Sendo da mesma família da tangerina, a laranja é adotada, em Honduras, como meio de adivinhar a sorte, na noite de ano-bom.

Tomam-se três laranjas — de uma tira-se a casca; de outra, a metade da casca, e a terceira deixa-se ao natural. Jogam-se as três laranjas debaixo da cama, sem olhar, a esmo. Deitada no chão, de olhos fechados, a pessoa tenta pegar qualquer das três. A primeira a ser tocada é a escolhida pela sorte. A laranja com casca indica que o ano vai ser ótimo; meio descascada, nem muito bom, nem muito ruim; sem casca, deve-se estar prevenido para o pior. De qualquer forma, come-se a laranja, enfrentando-se as leis do destino. O ritual hondurenho da laranja não deve ser feito por pessoas que se deixem impressionar facilmente, já que, ao tocarem a que foi descascada, podem projetar no inconsciente situações sempre adversas no ano-novo.

laranja

A *Citrus Sinensis* tem propriedades diuréticas, colagogas, depurativas, antiinflamatórias e alcalinizantes. Excelente fonte de vitamina C, contém também ácido fólico, tiamina, niacina, potássio e magnésio. Uma laranja ao dia é tido como tão saudável quanto uma maçã, no sentido de prevenir doenças.

A laranjeira sempre foi considerada o símbolo da frutificação, por permanecer com folhas sempre verdes, frutos e flores simultaneamente.

FELIZ ANO-NOVO!

Oriunda do sudeste da Ásia, chegou à região do Mediterrâneo através das conquistas árabes e das Cruzadas, e ao Novo Mundo através de Colombo.

Os gregos acreditavam que Zeus presenteou Hera com uma laranja no dia de suas núpcias, o que deu origem ao uso das flores de laranjeira nas grinaldas das noivas. Representa a pureza e o amor verdadeiro e eterno. No Vietnã, ofertavam-se laranjas aos nubentes, enquanto que, na China, receber essa fruta como presente correspondia a um pedido de casamento.

Existe a crença de que as flores, utilizadas na confecção das grinaldas, devem ser jogadas fora antes de completado um mês da data do casamento, ou seja, antes que sequem, para prevenir rompimentos.

Hoje em dia, as variedades de laranjas consumidas tendem a ter poucos caroços, mas houve época em que, pelo grande número de sementes, também eram símbolo de fecundidade.

A azeitona (*Olea Europaea*), também chamada de oliva, é o fruto da oliveira, árvore que pode viver mais de um século. Sagrada para diversas culturas, simboliza a vitória e a amabilidade no Japão; proteção na China; paz para judeus e cristãos; fecundidade e riqueza para os gregos e romanos, por ser a planta dedicada a Atena ou a Minerva.

Árvore abençoada: seus ramos anunciaram a Noé o fim do dilúvio, seu óleo iluminou o mundo por séculos e é citada no Alcorão como a luz abençoada. De seu lenho consta que, juntamente com o cedro, foi feita a cruz de Cristo.

azeitonas

COMIDAS

Até hoje, o cultivo da oliveira é primordial em diversos países. Assim sendo, na Turquia nada mais natural do que a presença das azeitonas nas superstições de fim de ano.

Por isso, lá existe o seguinte costume: separam-se tantas azeitonas quantos forem os desejos a serem feitos. Comidas as polpas, guardam-se os respectivos caroços dentro da carteira ou junto ao corpo, dentro de um saquinho de pano, feito especialmente para esse fim. Os caroços são mantidos até o ano seguinte, quando novos pedidos são feitos ou renovados os anteriores não alcançados.

Considerando que a sistemática da guarda dos caroços é semelhante à das uvas, fica a sugestão de optar-se pelo que estiver disponível na ceia do ano-novo, ou, melhor ainda, colocar ambas as frutas à disposição dos convivas.

O chá, com sua cerimônia extremamente estética, é tomado na Malásia por famílias de origem chinesa, no ano-novo. Nessa solenidade, as gerações mais jovens homenageiam as mais velhas, detentoras dos bens materiais. Em decorrência, garantem suas bênçãos e apoio financeiro no ano seguinte.

Desde a Antigüidade, chineses e gregos utilizaram o chá preto e verde, extraídos da *Camellia Sinensis*, por suas propriedades terapêuticas.

chá

Autópsias feitas durante a guerra da Coréia, nos cadáveres de soldados americanos e coreanos, demonstraram que esses últimos tinham artérias muito mais "limpas" de depósitos de gorduras. A dieta hipocalórica por si só não era responsável por esse efeito. Estudos em laboratórios demonstraram que os taninos, contidos nos chás, ajudam a manter saudáveis as artérias.

Levando-se em conta que, no fim do ano, o abuso com relação à comida e à bebida é uma constante, convém substituir o café pelo chá — ao menos por razões terapêuticas.

As castanhas são cultivadas há mais de 12.000 anos. Apesar de terem a fama de fazer as pessoas engordarem, isso não ocorre necessariamente, já que, por serem ricas em fibras, produzem a impressão de estômago cheio, com menor ingestão de alimento. Constituem boa fonte de vitaminas do grupo B, ácido fólico e magnésio.

Em Malta, no final do ano, desde as festas natalinas, o prato típico é uma sopa doce de castanhas portuguesas com chocolate, chamada *embuljata*, altamente calórica e energética, que ajuda a combater o frio. Por servir a castanha de alimento durante todo o inverno, o castanheiro tornou-se o símbolo da previdência. Num ano que se inicia, essa virtude torna-se essencial para o sucesso futuro. Armazenam-se forças para enfrentar o desconhecido. Muitos países atribuem a essa noz poderes curativos: os alemães usam-na no bolso como talismã contra dor nas costas, e os americanos, contra reumatismo. Na Itália, são deixadas castanhas sobre a mesa na Noite de Todos os Santos, dedicadas às almas dos pobres e carentes.

COMIDAS

Considerando que o Brasil comemora o ano-novo em época de calor, convém evitar a *embuljata* por motivos óbvios, mas fica aqui a lembrança para quem estiver no hemisfério norte.

Nos Países Baixos, entre os pratos típicos da passagem de ano, especificamente feitos para a noite de São Silvestre, há os sonhos (*oliebollen*), cuja receita é a seguinte:

- 500 gramas de farinha
- 60 gramas de fermento de padeiro
- 20 ml de leite morno
- 1 ovo
- 150 gramas de passas sem caroço
- 1 colher de sopa cheia de frutas cristalizadas, finamente cortadas
- 1 maçã cortada em bocadinhos, sem casca nem caroço
- raspas de casca de limão
- uma pitada de sal
- um tacho fundo com óleo bem quente (200 graus centígrados)

Dilua o fermento num pouco de água. Numa tigela, misture-o bem com os outros ingredientes. Tape a tigela e deixe a massa levedar durante 1 hora, em lugar quente. Com a ajuda de duas colheres, faça bolas de massa. Frite, com cuidado, no óleo bem quente (200 graus centígrados). Os sonhos estão

prontos quando estiverem fofos e douradinhos. Deixe escorrer em papel-toalha.
Polvilhe bem com açúcar de confeiteiro. Sirva quente.

Os sonhos são as aventuras da alma enquanto o corpo dorme, o meio através do qual os homens entram em contato com os espíritos. A premonição de fatos futuros sempre foi identificada com esse estado da mente, daí talvez sua presença como prato de fim de ano.

O simbolismo atribuído às cenas "vistas" com os olhos da mente obedece a determinados padrões de interpretação por não apresentarem, de modo geral, desenvolvimento lógico.

Sob o ponto de vista meramente biológico, o sonho é tão indispensável ao corpo humano quanto o alimento, e sua ausência induz à demência ou à morte. Todos sonham durante o sono, ainda que, ao acordarem, não se lembrem disso.

Analistas como Freud, Jung e outros buscaram nessa fonte um meio de identificação dos problemas enfrentados pelo sonhador na realidade objetiva vivenciada por ele. Dessa forma, a análise onírica tem por objetivo a integração do consciente com o inconsciente, na medida em que tal fato adapte a personalidade individual a seu grupo social.

Sonha-se dormindo e acordado. Como projeção futura cada qual pode fazer o que bem entender. Costuma-se dizer que "sonhar é grátis". Por outro lado, imprimindo-se na mente situações positivas, estas se tornam mais possíveis de se manifestarem no plano real, já que o próprio indivíduo fará força para torná-las verdadeiras. Isso, mais a ajuda divina, são uma força poderosíssima.

Voltando aos bolinhos, note-se que só estão prontos quando douradinhos: mais uma vez o ouro impõe seu resplendor, atiçando a gula, ou seja, a cobiça do estômago.

Nada melhor, portanto, para acompanhar o chá chinês que o sonho europeu.

Apesar de ser consumido na Península Ibérica desde 400 a.C., é no Japão que o macarrão aparece, nas comemorações de ano-novo, como alimento portador de boa sorte. O *sobá*, feito com farinha especial, atualmente vendido regularmente em casas especializadas em produtos japoneses, é cozido em água e sal e colocado num molho igual ao do *mochi*.

Terapeuticamente, o macarrão atua no organismo como um redutor de estresse, portanto como antidepressivo e preventivo de ataques cardíacos.

Tais propriedades são atribuídas ao aminoácido triptofano, às fibras e carboidratos complexos, existentes na composição das massas, principalmente as elaboradas com trigo integral.

Simbolicamente, o macarrão faz remissão à própria criação do mundo. Dar forma à matéria pastosa, fazendo surgir, objetivamente, elementos determinados, é próprio dos deuses. Indo além, o contato físico com a massa de que é feito o macarrão é carregado de sen-

FELIZ ANO-NOVO!

sualidade. Sua manipulação identifica-se com o ato sexual, a penetração viril e, de volta ao conceito anterior, com a procriação. Colocar, literalmente, a mão na massa faz com que o indivíduo se sinta em comunhão com o Criador — farinha, água, fermento — e junte tudo, dando origem a formas e estruturas diferentes. Dar à luz, fazer nascer — esse é o sentido, ainda que inconsciente, dessa manipulação da matéria.

A origem do mundo e do indivíduo, tendo relação óbvia com o início de um novo ano, justifica o simbolismo contido no consumo do *sobá*, nessa época.

Sendo tão fácil obtê-lo, principalmente em São Paulo, no bairro da Liberdade, dá um toque bem diferente à ceia e é mais um item para garantir sorte e fortuna.

Com pompa e circunstância, em meio a tanta alegria, surge o vinho. É oriundo da fermentação da uva, fruta da videira, árvore sarmentosa, com mais de duas mil espécies, cujos galhos delicados e pouco resistentes necessitam ser sustentados.

Na cultura da vinha (*Vitis Vinifera*) o solo, o clima, a posição geográfica e as variedades selecionadas determinam o tipo do produto final e, conseqüentemente, seu valor no mercado. Para se ter idéia da sua importância, as propriedades curativas do vinho são citadas 191 vezes na Bíblia. Cento e vinte ml de vinho contêm, grosso modo, 76 calorias, 0,2mg de proteínas, 2,5mg de carboidratos, 0,1mg de niacina e 166mg de potássio.

Nas priscas eras, no Egito, prescrevia-se vinho no tratamento de litíase renal, vesicular e biliar, obstipação intestinal, verminoses e nefrite.

vinho

Os judeus, nos tempos antigos, argumentavam que o vinho era o remédio mais importante dentre todos os conhecidos na época.

Mantendo-se fiel a seus símbolos, esse povo, na passagem do ano, rega sua ceia com vinho, em memória à indestrutibilidade de Israel. Como a videira que renasce, se plantado um só de seus galhos, assim a comunidade judaica tem sobrevivido, ao longo dos séculos, una e coesa, com ideologia inalterada, dentro de sociedades distintas. Indo além da imortalidade, o vinho é também considerado símbolo do conhecimento e da iniciação. Em decorrência, tem valor sagrado: em hebraico, as palavras *yain*, vinho, e *sod*, mistério, têm valor numérico idêntico: 70.

Na Grécia, o deus do vinho era Dioniso, correspondente a Baco, em Roma. Filho de Zeus com a deusa Sêmele, Dioniso teve um nascimento duplo: sua mãe morreu antes que desse à luz, no sétimo mês de gravidez. Zeus abriu a própria coxa e nela acolheu o feto, como num segundo útero, de onde, no nono mês, renasceu. Nesse mito, evidencia-se a idéia da imortalidade e do renascimento, transmudada sob formas diversas nas civilizações posteriores, no tocante ao vinho. Os gregos atribuíam a Dioniso, em viagens pela Ásia Menor, Índia e Egito, a disseminação do plantio da videira, do preparo e consumo da bebida. Na Última Ceia, cercado por seus discípulos, Jesus, após a consagração do pão, tomou o cálice em suas mãos, deu graças e repartiu-o, dizendo: "Tomai e bebei, esse é o meu sangue — símbolo da Nova e Eterna Aliança..." A promessa da imortalidade está contida na Eucaristia,

FELIZ ANO-NOVO!

vinho

através da comunhão dos fiéis com Cristo, e é materializada no vinho. Nascimento, morte e renascimento do corpo e da alma através da fé.

Como acontece com todos os arquétipos, o vinho também é considerado fonte de desregramento pela perda da consciência e liberação de instintos bestiais, quando ingerido em excesso.

Por essa razão, diversas religiões proíbem a seus seguidores o consumo de bebidas alcoólicas – o julgamento dessa prática é absolutamente subjetivo, não cabendo analisá-la nesse contexto.

Sagrado para uns, proscrito para outros, o vinho nunca passa despercebido, na base do "falem mal, mas falem de mim".

brindar com vinho em copos de cristal

Como fonte de congraçamento e alegria, não se pode deixar de tomá-lo na comemoração coletiva mais importante do ano – nenhuma ceia fica completa sem sua presença, tanto faz branco, tinto, quanto espumante. Convém também, se possível, só beber em copos de cristal na passagem do ano, pela pureza do material. E mais : "Quem bebe morre, quem não bebe, também morre – então, vamos beber", conforme o dito popular: *Vox populi, vox Dei.*

Encerrando este capítulo, reunindo vários itens descritos, há um ritual muito interessante informado pelo Instituto de Ciências Sociais de Pernambuco.

COMIDAS

Para fazer essa simpatia é necessário que a pessoa planeje tudo anteriormente. Na hora da passagem do ano, deve estar fora de casa, comemorando em outro lugar, com amigos ou parentes:

Antes de sair, por volta das vinte e duas horas, arrume a mesa da casa para uma ceia com tudo que vamos pedir-lhe, mas não se esqueça de forrá-la com uma toalha branca bem limpa.

Coloque sobre a mesa sete tigelinhas. Atenção no número, pois este deve ser sempre ímpar. Cada uma das tigelinhas deve conter, respectivamente, sal, açúcar, lentilha cozida, feijão branco cozido, pipoca, balas, doces variados e farinha de trigo. Coloque também sobre a mesa três copos de um suco qualquer, adoçado. Verifique se está tudo correto e saia de casa em seguida.

Quando voltar, depois da meia-noite, apanhe um punhadinho de cada tigelinha, colocando todos num saquinho qualquer. Pegue, também, os três copos de suco, que podem ser copos de papel.

No dia seguinte, bem cedo, leve tudo para um jardim muito bonito e deixe lá. O que sobrou nas tigelinhas, você usa normalmente para fazer comida.

E mais:

espiga de milho

Coma, depois, trinta e um grãos de uma mesma espiga de milho verde, oferecendo cada um deles para cada dia do mês. Assim, durante todo o ano, não lhe faltará o pão de cada dia.

Rituais

Como parte integrante das festas de final de ano, além de roupas e comidas especiais, acontecem diversos rituais no mundo inteiro. A comemoração da passagem de um período para outro, dependendo de cada cultura, exterioriza-se em cerimônias distintas, mas sempre em torno da temática de transição do velho para o novo.

As manifestações coincidem em vários aspectos, restringindo-se as divergências, muitas vezes, a meros detalhes. Essas celebrações foram agrupadas de acordo com o elemento básico utilizado: água, fogo (nesse compreendido o uso de velas e metais), plantas, ornamentos e ações coletivas. Foram desconsideradas as festas públicas, restringindo-se a exposição aos atos de caráter privado.

Considerando que, em diversas tradições, a origem da criação relaciona-se com água, impõe-se começar por ela.

FELIZ ANO-NOVO!

Voltando atrás, à antiga Grécia, imagine-se a terra rodeada por um magnífico anel líquido – sem início nem fim, fluindo por si mesmo. Além de umedecer a natureza, dele originavam-se todos os rios e o próprio mar. Seu nome? "Oceano" – filho da Terra e do Céu, ou seja, dos deuses Gaia e Urano.

Oceano, casando-se com sua irmã Tétis, teve três mil rios e três mil ninfas como filhos. Tétis quer dizer "nutriz", ou seja, uma entidade que alimenta o elemento terra. Estava estabelecida a origem de um dos quatro reinos do mundo: a água. Tempos depois, por motivos de briga entre os deuses do Olimpo, Oceano perdeu seu lugar para Poseidon ou Netuno, mas nunca sua condição de criador de toda a matéria líquida que energiza a Terra.

Essa origem mitológica, na ótica de Homero (séc. IX a.C.), deslumbrantemente poética, expõe a consciência do homem, desde os primórdios, à imprescindibilidade da água na preservação da vida. Corresponde à abstração do elemento água e à divindade mais antiga a ele referente.

O conceito primordial de que o oceano é a origem da vida é universal – hindus, chineses, polinésios e asiáticos unem-se aos gregos na adoção das águas como princípio e essência divina.

Nas tradições judeu-cristãs, na água também se encontra a origem da criação. Antigo e Novo Testamentos apresentam-na como elemento purificador, regenerador.

cachoeira

RITUAIS

A abluição é o meio empregado em cerimônias de aceitação de novos membros pelas comunidades religiosas, em ritos de passagem e purificação nos diferentes tipos de batismo.

Os muçulmanos só podem rezar o *calat* após as abluções, feitas conforme estabelecem minuciosas regras religiosas.

O aspecto fecundante da água das chuvas, das cheias dos rios e das nascentes que brotam da terra, tudo induz à idéia de vida e germinação.

Os rios correm para o mar, assim como a vida caminha para a morte. As águas paradas dos lagos induzem à interiorização e ao subconsciente. O mar desperta para as grandes aventuras.

rio

Agente que remove as impurezas tanto do corpo quanto do espírito, representando o curso da existência, pode ser comparado tanto à seiva vegetal quanto ao sangue animal como essência da vida.

A crença no poder desse líquido mágico é tão intensa e profunda, que o desbravador Ponce de Leon organizou uma expedição ao Novo Mundo em busca da fonte da juventude eterna.

Como todos os símbolos, a água tem interpretação ambivalente: da mesma forma que cria, destrói. As grandes enchentes, borrascas e dilúvios levam, em sua fúria, tudo o que encontram pela frente, absolutamente incontrolados pelo homem.

FELIZ ANO-NOVO!

No *réveillon*, prevalecem as qualidades positivas. Assim, dentro do aspecto purificador da água, que dela faz surgir um novo indivíduo, no dia 31 de dezembro os letos vão para a sauna, num ritual de limpeza para o ano-novo — molham galhos de bétula na água, com os quais batem no corpo, fazendo com que o óleo perfumado das folhas exale seu odor.

onda

Em Portugal, nas cidades à beira-mar, como em Lisboa, por exemplo, grupos de pessoas banham-se no mar para atrair sorte. É importante recordar que, nesta altura do ano, as temperaturas são muito baixas, de 2 a 8 graus — assim, não fosse a tradição, a atividade não seria nada convidativa.

Os jovens dominicanos, na manhã do dia 1º de janeiro, dançam na orla marítima em busca da bênção das águas.

Na Índia e no Sudeste Asiático, os fiéis lavam as estátuas santas e a si próprios nos rios. O rio Ganges é motivo de adoração, e milhares de pessoas se reúnem às suas margens comemorando a passagem do ano, banhando-se em suas águas, em festividades que perduram por vários dias. São dissolvidos os maus fluidos, as tristezas são lavadas, saindo-se pronto para os 365 dias do período seguinte.

Com o mesmo objetivo, no Haiti, perto da meia-noite, toma-se um bom banho — tanto faz de rio, de mar quanto de ervas aromáticas, preparadas especialmente para a ocasião.

RITUAIS

No Brasil, para que as questões amorosas se resolvam no ano-novo, toma-se um banho com champanhe e pétalas de rosas vermelhas.

No Rio e na Bahia, jogam-se no mar flores brancas, pentes, espelhinhos, perfumes e colares brancos e azuis para Iemanjá. Com os pés dentro d'água, próximo à arrebentação, contam-se e pulam-se, quando quebram na areia, sete ondas, cada uma correspondendo a um pedido. Faz-se a oferenda na oitava e retorna-se para a areia, sem voltar as costas para o mar.

culto à Iemanjá

Para a mesma entidade, podem ser oferecidas sete moedas, uma a uma, mentalizando-se os sete desejos, dentro de ritual idêntico. Iemanjá é o mesmo que Oxum e corresponde a Nossa Senhora da Conceição na religião cristã.

Também no Rio de Janeiro, descendentes de imigrantes de origem dinamarquesa guardam o costume de jogar flores brancas e vermelhas (cores da bandeira da Dinamarca) no mar – homenageiam não uma determinada entidade, mas sim a força intrínseca do oceano como elemento da natureza de vital importância para o homem, principalmente no citado país.

Lavar toda a casa, tirando a poeira morta do ano velho, aromatizando o piso e, se possível, pintando as paredes, também foi dado colhido dos cariocas. Uma boa limpeza, dos fundos para a frente, com água e sal grosso, é outra dica para ter saúde, dinheiro e alegria.

FELIZ ANO-NOVO!

No Uruguai, coloca-se num balde água, um pouco de canela e açúcar, e passa-se um pano úmido dessa mistura no chão da casa. Afastam-se os maus espíritos e os fluidos negativos.

Em Honduras, se o ano-novo cair numa quinta-feira, antes da meia-noite, tomar um banho da cabeça (inclusive) para baixo, com a seguinte infusão: cortar na quarta-feira nove limões em forma de cruz, deixando-os de molho num balde de água. No dia seguinte, após o banho regular, enxaguar-se com essa "limonada". Afasta os maus espíritos. Essa simpatia pode ser repetida em qualquer quinta-feira do ano, toda vez que o indivíduo se sentir "carregado".

Em São Paulo, ensina-se a colocar um copo d'água na cabeceira da cama, ao deitar, no dia 31. Na manhã seguinte, tomar a água e, a cada gole, fazer uma mentalização de tudo de bom que se deseja no ano-novo, imaginando-se banhado numa chuva de ouro.

Outras receitas brasileiras para banho pessoal no primeiro dia do ano: pétalas brancas de três rosas misturadas com duas xícaras de chá cheias de alecrim, folhas de confrei e hortelã (seis ao todo); excetuando-se as rosas, os outros ingredientes podem ser substituídos por folhas de eucalipto, alecrim e cinco cravos-da-índia. Macera-se tudo em recipiente de vidro, misturando-se à água fervente e deixando-se a infusão coberta até o dia 1º. Coa-se a parte sólida, embrulhando-a em papel ou pano branco. Se necessário, completa-se a mistura com água, e despeja-se do pescoço para baixo, mentalizando-se todos os desejos e, principalmente, que está havendo uma eliminação das cargas negativas naquele momento. As folhas e sementes decorrentes da filtragem devem ser lançadas em alguma encruzilhada, no mar ou num rio, nunca no lixo. Haja poluição!

Um costume baiano que se espalhou pelo Brasil é tomar banho de sal grosso no dia 31. Mistura-se o sal em água quente e joga-se do pescoço para baixo, para limpeza e proteção contra o mal, pedindo-se graças para o ano inteiro. Falando-se de sal, no ano-novo, bem como em qualquer outro dia, nunca passá-lo de mão em mão, para evitar brigas.

Além dos cuidados pessoais, o lugar onde se vive também precisa ser tratado.

Na República Dominicana, limpa-se bem a casa com muita água e creolina, tirando assim os maus fluidos. Depois, queima-se incenso.

Outros povos já pensam ao contrário: na Malásia não se varre a casa, e no ano-novo, de jeito nenhum (o muçulmano não o faz nunca). Varrer significa tirar algo da casa (no caso o pó) de dentro para fora, o que traz má sorte. Se for impossível deixar de fazê-lo, o movimento deve ser de fora para dentro, evitando a ira dos deuses que governam a cozinha.

No Brasil, diz-se que lavar os batentes da casa com sal grosso e água doce ou água do mar, borrifando-a com água benta em todos os cantos, "limpa" espiritualmente o ambiente, preparando-o para o ano-novo. A seguir, abrir portas e janelas, deixando a casa bem arejada, de modo a deixar entrar os bons fluidos.

FELIZ ANO-NOVO!

Num vaso virgem, branco ou transparente, colocar água, três rosas absolutamente brancas, seis moedas e uma cebolinha, por sete dias, a partir do dia 1º. Trocar a água, as rosas e a cebolinha a cada sete dias, o ano todo, de preferência às sextas-feiras. Ficam as moedas. Essa simpatia traz harmonia para o lar e tudo o mais dela decorrente.

Como se vê, a água nesse contexto é sempre instrumento de purificação, sinal e símbolo de bênçãos, preparando os indivíduos para uma nova etapa da vida, dentro de uma expectativa de felicidade e abundância.

O sal tem origem na água e tem poder de conservação e de corrosão.

No Japão, há séculos, o sal (*shiô*) é considerado elemento purificador de lugares e objetos — usam-no na soleira e nos cantos da casa, nos ringues de luta de sumô, nos templos.

No ritual do batismo, o sal representa a sabedoria. É também associado ao fogo, à proteção, à incorruptibilidade e à fraternidade para gregos, hebreus e árabes. Repartir o sal tem a mesma conotação que compartir o pão, estabelecendo um vínculo de amizade indissolúvel.

Na ceia do Rosh Hashaná, os judeus colocam um pote de sal à mesa, de onde todos se servem, selando, dessa forma, uma aliança familiar e de amizade indestrutíveis.

Alguns autores associam a busca do sal ao beijo — antes de aprenderem a retirá-lo do mar, os homens lam-

No Japão, há séculos o sal (shiô) é considerado elemento purificador de lugares e objetos.

biam o suor salgado do rosto um do outro. Assim teria nascido o beijo. Hoje em dia, não há mais línguas como antigamente...

Há também aspectos negativos. A terra salgada é estéril e infecunda – os romanos salgavam as áreas conquistadas para que nada nascesse na região.

O sal já foi até mesmo um meio de pagamento. Os trabalhadores recebiam sua paga em medidas de sal, dando-se, com esse hábito, origem à palavra "salário". Terapeuticamente, é empregado como hipertensor. Seu consumo provoca retenção hídrica, sendo usado, via oral, misturado à água, como soro.

Dando vida aos alimentos, realça o sabor dos pratos. Por esse motivo, quando alguma coisa ou pessoa não tem expressão, diz-se ser "insossa". "Faltar sal a alguém" significa ter personalidade fraca, sem brilho.

Quanto à cor, sendo branco, é símbolo da divindade máxima e da pureza.

Na Turquia, põe-se à mesa, no dia 31 de dezembro, um pote com sal grosso – dele retiram-se três pedras que, junto com turquesas pequenas, são colocadas num saquinho, no alto da porta de entrada, em local escondido. Quem entrar com maus fluidos não os deixará dentro de casa, carregando-os consigo.

Aliás, em todas as casas turcas, para que nada falte o ano inteiro, colocam-se, no fundo de um armário da cozinha, bem embrulhados, três grãos de sal, três de arroz ou trigo e uma turquesa. Antes de fechá-los, reza-se com concentração, desejando-se, de todo coração, abundância naquele lar.

RITUAIS

No Brasil, há quem mergulhe na água salgada do mar folhas de louro, por vinte e quatro horas, colocando uma delas na carteira, à meia-noite do dia 31, para atrair dinheiro.

Do Rio de Janeiro veio essa mandinga: colocar no último dia do ano alguns grãos de milho nos cantos da casa para dar paz ao ambiente, como alimento das entidades espirituais. Recolher as sementes até o quinto dia do ano-novo, jogando-as no mar. Salpicar água salgada nos lugares de onde foi retirado o milho, para confirmar o pedido de tranqüilidade.

Como símbolo antagônico da água, o fogo também aparece nas comemorações de ano-novo.

fogo

Conta a lenda grega que, antes de o mundo ser mundo, havia divindades primordiais. Elas criaram os Titãs que, com o passar do tempo, voltaram-se contra suas criadoras, destronando-as. Um deles, chamado "Prometeu", houve por bem povoar o mundo, que já estava pronto. Tomou o barro em suas mãos e moldou milhares de figuras, dando-lhes forma de acordo com os modelos divinos.

Dos animais, transferiu para os homens diversas qualidades, tais como: a coragem e a nobreza do leão, a astúcia da raposa, a voracidade do lobo, a força do touro e a fidelidade do cavalo.

Apesar de tudo isso, ainda ficou um vazio – foi quando Atena, filha de Zeus, deusa da sabedoria, interveio na obra e nela insuflou o sopro divino – a alma – por meio de uma gota de néctar, comida exclusiva do Olimpo.

FELIZ ANO-NOVO!

Prometeu sabia que o ser que criara, para adaptar a natureza às suas necessidades, teria que conhecer o fogo. Ocorre que esse elemento era de domínio dos deuses do Olimpo. Com um galho seco, Prometeu voou até o céu e o acendeu nas chamas do sol, voltando, a seguir, para a terra e entregando essa energia às suas criaturas.

Por esse ato de desafio, teve por castigo permanecer acorrentado no monte Cáucaso, durante trinta anos. Durante o dia, uma águia enorme devorava-lhe o fígado, em meio a dores atrozes – à noite, o órgão destroçado se recompunha, e o suplício reiniciava-se. Apesar de todo o sofrimento, Prometeu jamais pediu perdão por seu ato.

Finalmente Hércules, após flechar e matar a águia, cortou os grilhões que prendiam o Titã aos rochedos e o libertou, com a aquiescência de Zeus.

O fogo permitiu ao homem forjar os metais, cozinhar o barro de seus utensílios, aquecer-se no frio e, mais que tudo, socializar-se.

Ao conseguir "domesticar" o fogo, por volta de 4.000 anos a.C., iniciou-se uma nova etapa no desenvolvimento humano. No começo, não era empregado no cozimento dos alimentos, mas como fonte de calor e meio de afugentar os animais. Independente de seu valor utilitário, a chama sempre exerceu fascínio. Essa admiração aparece representada em pinturas, desde períodos pré-históricos. O movimento imprevisível e o brilho das chamas enfeitiçam o pensamento, dando asas à imaginação.

RITUAIS

Em todas as culturas, indivíduos reúnem-se em torno de fogueiras, compartindo sua proteção, como em volta de uma mesa ígnea. Mesmo contido, o homem respeita o fogo como amigo e inimigo. É tão útil quanto destrutivo — mais uma vez, a natureza ambivalente destaca-se num único elemento.

O fogo, como a água, também purifica, mas em decorrência da destruição. Do nada resultante, surge nova situação — nos campos calcinados, mortas as ervas daninhas, é feito o plantio e a natureza se renova. Morte e ressurreição, o ciclo eterno. Partindo do coração da terra ou descendo dos céus sob a forma de raios, sempre foi objeto de adoração e terror. As divindades infernais aparecem associadas às profundezas da terra e, conseqüentemente, ao fogo.

Manter acesa a chama era atribuição das mais relevantes em Roma, com conotação mística — o fogo mantinha o cunho de propriedade dos deuses.

Diante de sua relevância no progresso humano, nada mais natural do que sua presença nos ritos de passagem de ano.

Os fogos de artifício, tão comuns e freqüentes, contêm uma mensagem ancestral muito mais profunda do que o mero efeito pirotécnico. Historicamente, eram usados para afastar os maus espíritos e ainda hoje o são, na Letônia, em El Salvador e no Chile. Na Itália, simbolizam sorte e saúde.

fogos de artifício

FELIZ ANO-NOVO!

Nos Países Baixos, na Europa, a comemoração de passagem do ano é uma festividade estritamente familiar. As ruas costumam ficar desertas, mas os sinos das igrejas repicam alegremente indicando, com sua música, a passagem do ano.

No Japão, os templos soam seus tímbalos 108 vezes, anunciando esse evento. Cento e oito é múltiplo de nove – um numeral místico; no Ângelus, os sinos repicam nove vezes.

No Equador e no Panamá são feitos bonecos de pano, cheios de palha ou outro material combustível, acrescentando-se algumas bombinhas para provocar uma implosão. Esses espantalhos representam o ano velho e personificam os desafetos políticos ou amorosos de cada um, sendo queimados à meia-noite. Os que elaboram o boneco, vestidos de preto, são as "viúvas" do ano velho – fingem tristeza na queima do "esposo". Faz-se até um testamento, lido durante a incineração.

Os meios de comunicação põem, nesses bonecos, a cara de alguém que tenha se destacado de alguma forma durante o ano e que será destruído junto com as respectivas críticas.

Ao soarem as doze badaladas, queima-se o ano velho, significando o extermínio de todos os acontecimentos negativos do passado – o pessoal salta sobre a fogueira com alegria e esperança de que tudo venha a ser melhor.

Esses bonecos ficam expostos nas ruas de todo o Equador, e instituições importantes realizam concursos através dos quais grandes prêmios são disputados.

RITUAIS

Se esse hábito fosse introduzido no Brasil, não haveria problema de carência de desafetos políticos — os bombeiros certamente ficariam assoberbados com a disseminação dos incêndios.

Em Honduras, acendem-se doze velas, à meia-noite, fazendo-se um pedido para cada uma delas. Apagam-se todas, com exceção de uma que queimará até o fim. As remanescentes são acesas todo dia 1º dos meses subseqüentes, insistindo-se no que foi mentalizado no ano-novo.

Para os corajosos: na Letônia, à meia-noite, senta-se diante de um espelho ladeado por duas velas — atrás da pessoa aparecerão espíritos ou cenas de fatos vindouros.

No mesmo país, na época de São João, na área rural, são feitas coroas de flores para as mulheres e de folhas de carvalho para os homens — essas coroas são guardadas até o fim do ano, quando são queimadas para dar sorte.

Outra para quem não tem medo: à meia-noite, no último dia do ano, quem for a uma encruzilhada, chamar um exu e entregar-lhe treze moedas, acendendo um maço de velas vermelhas e outro de pretas, garantirá dinheiro à farta, segundo rituais de Candomblé, em São Paulo. Hoje em dia, tem-se que tomar cuidado, já que, em vez de exu, pode vir assaltante.

Esse rito é menos arriscado que os dois anteriores: preparar um defumador com carvão, xerém e açúcar — defumar toda a casa, mantendo as janelas fechadas até terminar a queima. Abrir tudo a seguir, arejando os

Independentemente de seu valor utilitário, a chama sempre exerceu fascínio.

cômodos, para tirar a má sorte do ano velho. Tem também origem no Candomblé.

Acender velas nas praias e matas, homenageando entidades espirituais, para que elas garantam paz e prosperidade no ano-novo, transformou-se num evento quase que turístico, de tão disseminado no Rio de Janeiro e na Bahia. Mesmo quem não está envolvido diretamente com o ato vai assistir ao espetáculo que transforma as areias numa infinidade de pontos de luz, como estrelas espalhadas pela orla marítima. Além das luzes, os tambores, os cânticos e as roupas brancas servem para tornar o ritual ainda mais admirável.

Em Piracicaba, no interior de São Paulo, algumas pessoas acendem, à meia-noite, uma vela (símbolo da vida ascendente) para o anjo da guarda e outra para uma pessoa querida garantindo, desse modo, proteção.

Na Malásia, todas as luzes das casas devem permanecer acesas na passagem do ano. No Brasil, muita gente faz o mesmo. O fogo (no caso a claridade das lâmpadas) impede a entrada de maus espíritos.

No tocante aos metais, diversos países costumam derretê-los para adivinhar o futuro. A fundição aparece na passagem de ciclo como símbolo de transmutação. Fogo e água se complementam, unindo o Yin e o Yang. Da queima dos metais, extraídos das entranhas da terra, desprende-se o enxofre, tido por muitos como o espírito dos mesmos.

O estanho era associado a Júpiter, o chumbo a Saturno, o cobre a Vênus, e assim por diante, dentro de

FELIZ ANO-NOVO!

uma hierarquia cósmica energética que findava por identificar o ouro ao sol.

Na Hungria, Bavária (Alemanha) e Letônia, funde-se a sorte com chumbo numa colher e joga-se o metal derretido na água fria — a sombra do chumbo projetada por uma luz contra a parede forma figuras que serão interpretadas como fatos que se realizarão no ano-novo.

Na Finlândia, a tradição manda derreter estanho. Este é vendido nas lojas, em formato de ferradura, especialmente para a ocasião. Derrete-se o metal no fogão, numa concha, jogando-o, enquanto líquido, na água gelada. Depois o processo é o mesmo: a sombra da peça, projetada na parede branca, forma uma determinada figura. Se alguma parte fica escura e áspera, prenuncia dinheiro. Uma pessoa do grupo esconde debaixo das xícaras moedinhas, chaves, anéis etc. Dependendo da peça que cai, ao fim da ceia, para cada um, interpreta-se que vai haver casamento, compra de casa etc.

Na Noruega, na tradição antiga, a noite de 13 de dezembro se chamava "a noite de Lussi", e era considerada a mais comprida do ano. Ninguém trabalhava desde o entardecer. À noite, os duendes e *trolls* malignos saíam para vagar pela Terra até o Natal. Lussi, uma temida mulher *troll*, atacava os que encontrasse trabalhando nessa noite. Conta também a lenda que, na noite de Lussi, os animais domésticos podiam falar entre si. Sempre lhes era dada uma refeição especial nessa data.

Dentro desse espírito, sendo um país essencialmente rural, na Letônia existe uma relação de respeito e companheirismo do homem com seus animais. Na noite do fim do ano, a dona da granja visita e conversa com sua criação – vacas, galinhas etc. – para que os bichos continuem colaborando com ela na manutenção da propriedade e na sobrevivência de todos. Por seu turno, o homem conversa com seu cavalo, considerado como um amigo na jornada da vida.

Diz também a lenda local que, nesse dia, há aqueles que são capazes de ouvir o que os animais têm a dizer.

Vemos, portanto, que, antes do calendário cristão, o ano era dividido pelas noites mais curtas e mais longas (inverno e verão) no ciclo da vida desses povos, com estações extremamente marcadas e definidas. Também na Suécia, a noite de 13 de dezembro teria sido considerada, nos primórdios, a "virada do ano", por ser a mais longa.

Hoje em dia, nessa data, comemora-se o "Dia de Luzia", santa de Siracusa, martirizada em decorrência da adoção das crenças cristãs. No Brasil e na Itália, países com maioria católica, cultua-se essa santa nesse mesmo dia.

Até o século XVIII, a comemoração original sueca relacionava-se estritamente ao fato de ser esta noite a mais escura e de maior duração. Ao alvorecer, à luz de velas, comia-se e bebia-se, com a ajuda da "Rainha da Luz". Só no século seguinte, a entidade primitiva foi associada a Santa Luzia (protetora da luz e, por conseqüência, dos olhos, da visão), vestida de branco e com coroa de velas na cabeça.

Mantendo a tradição, em homenagem a Santa Luzia, o ganhador do Prêmio Nobel de Literatura, considerado um "homem iluminado", é convidado a participar da coroação de "Luzia de Estocolmo". Trata-se de uma jovem eleita por sua beleza e virtudes, dentre várias candidatas. Vestida de branco, recebe, durante a solenidade, uma coroa de velas cintilantes das mãos do premiado.

No inverno, a importância do calor nos países do hemisfério norte é evidente. Na Polônia, um indivíduo vestido de limpador de chaminés, ou mesmo o próprio *kominarz*, visita as casas para desejar boa sorte.

Como representante da luz divina, o padre (*koledy*) também costuma ir à casa dos fiéis poloneses para abençoá-los, desejando-lhes prosperidade e sorte.

Na Rússia antiga, o ano-novo começava em 1º de março. Foi Pedro I quem mandou transferir a festa para o dia 1º de janeiro. Em 1700, ele decidiu ajustar o calendário antigo russo ao calendário europeu juliano. Por decreto, o czar determinou que a cada ano, no dia 1º de janeiro, todos ornamentassem as entradas das suas casas com ramos de abeto. As numerosas igrejas moscovitas tocavam seus sinos neste dia.

Em 1918, na Rússia, foi introduzido o novo calendário gregoriano. Nem todos aceitaram a novidade, o que faz com que até agora muita gente festeje a passagem do ano duas vezes, segundo o novo e o antigo calendário: no dia 1º e no dia 14 de janeiro. A igreja ortodoxa russa continua comemorando as suas festas baseada no calendário juliano. Esta confusão induz os festeiros a comemorarem o Natal no dia 25 de dezembro, segundo o calendário gregoriano, continuando as festas até o dia 14 de janeiro (ano-novo segundo o calendário juliano), ou seja, por 3 semanas.

À meia-noite, os russos mentalizam o mais importante desejo de cada um: existe a crença popular de que o pedido feito a essa hora, na véspera do ano-bom, tem grandes chances de se realizar. Há muitos ritos natalinos para adivinhar o futuro. As moças, por exemplo, tentam descobrir com quem vão se casar, colocando velas acesas diante de um espelho e tentando "ver "o rosto do futuro esposo no espelho. Quem consegue, casa-se no ano que entra. Nos tempos antigos, antes de sentar à mesa para festejar, os camponeses costumavam sair de casa e "olhar as estrelas" para adivinhar a safra, se boa ou má. Todos esses ritos vêm desde os tempos do paganismo.

Já para os povos que habitam a antiga Irlanda céltica, a proteção vinha do escuro e não da luz. O ano-novo era comemorado no final do verão, marcando o final das colheitas. Havia grandes festas no dia 31 de outubro. De acordo com a tradição dos druidas, sacerdotes celtas, bruxas e espíritos demoníacos ficavam à solta nessa época. Para impedir a entrada desses seres maléficos, apagavam-se todas as luzes das casas. Vestiam-se do modo mais bizarro possível e ficavam pelas ruas fazendo arruaça para confundir os entes malig-

FELIZ ANO-NOVO!

nos. O ano-novo mudou de data e, aos poucos, esse temor perdeu o sentido, surgindo em seu lugar as comemorações de Halloween — ou seja, "All Hallows Eve" —, Dia de Todos os Santos, festividade que se difundiu por toda a América da Norte.

Assim, começando pela luz e terminando com as trevas, o importante é festejar e divertir-se.

Além da água e do fogo, alguns rituais envolvem o ovo, símbolo do nascimento do mundo, da ressurreição e da renovação periódica da natureza.

OVOS

Vários povos identificavam o ovo à gênese do mundo: gregos, chineses, japoneses, hindus, vietnamitas e outros.

A interpretação mais jocosa é a dos incas, no Peru: uma entidade personificada pelo sol teria criado a humanidade através de três ovos. Desde a criação, já estaria definido quem seria nobre, mulher ou plebeu. Assim, os aristocratas seriam originários de um ovo de ouro, as mulheres de um de prata e o povo de um de cobre. Como se vê, a discriminação data de priscas eras.

Outra crença difundida no Congo, menos elitista, imaginava o mundo como um ovo no qual a gema seria o elemento feminino e a clara o masculino, pela analogia com o esperma.

Todas as interpretações conduzem à idéia de origem da vida, nas festas de virada do ano.

Na República de El Salvador e em Honduras é costume quebrar um ovo cru dentro de um copo d'água e colocá-lo embaixo da cama. No dia 1º, observa-se a forma que a gema e a clara tomaram, interpretando-se a sorte da pessoa.

No Brasil, esse ritual aparece associado às festas juninas, mais precisamente à noite de Santo Antônio. As moças casamenteiras questionam, através de ovos na água, sobre o futuro marido. Há notícias, no entanto, de que, em Minas Gerais, costuma-se fazer a simpatia do ovo na passagem do ano.

A algumas plantas são atribuídas propriedades de condução de energias mágicas de amor e felicidade. As folhas de louro (*Laurus Nobilis*) se enquadram nesse caso. O loureiro é uma árvore comum na região mediterrânea, consagrada a Apolo, filho de Júpiter e Latona, irmão de Diana. Além de personificar a expressão máxima da beleza absoluta, Apolo era cultuado como deus da luz. Tinha por atribuição, todas as manhãs, trazer o carro do sol para o céu e, ao fim do dia, levá-lo de volta, para trás das montanhas, deixando o mundo nas trevas. Cultuado por todos os que dependiam da luz para sobreviver – navegantes, pastores e agricultores –, pela perfeição de suas formas era também tido como protetor das artes e da medicina. A saúde corresponderia à capacidade de manter o equilíbrio exato entre a mente e o espírito – *mens sana in corpore sano*. Platão comparava a medicina à música, não podendo haver dissonâncias entre as partes para garantir a harmonia do todo.

OVOS

FELIZ ANO-NOVO!

Dafne e Apolo

Mais difundido ainda, na época, era o dom de Apolo em decifrar o futuro, já que, diante da luz, não pode haver sombras ou mistérios. Assim, no templo de Delfos, na Grécia, os sacerdotes consultavam o deus do sol, que desvendava o futuro, o fracasso e o êxito de todos os empreendimentos humanos.

Por qual razão, no entanto, o loureiro, árvore que, apesar de estar sempre verde, não prima pela beleza, teria sido dedicado ao magnífico Apolo? Conta a lenda que existia uma ninfa lindíssima que fizera a si mesma voto de castidade. Chamava-se Dafne. Um dia, Apolo deparou com ela cantando, perdida em seus próprios pensamentos e, desejando-a ardentemente, passou a persegui-la. Em sua louca fuga, ao ver-se perdida, Dafne suplicou ajuda à Terra, que a transformou em uma árvore (o loureiro), impossibilitando o ataque sexual do deus. A partir daquele momento, Apolo consagrou essa planta a seu culto, e suas folhas passaram a ser usadas nas coroações das vitórias em todas as atividades humanas e nos ritos de purificação.

Atribuía-se às suas folhas o poder de induzir visões, motivo pelo qual os oráculos mascavam-nas quando faziam adivinhações. Por suas propriedades inebriantes, eram associadas à inspiração poética e musical.

Em Roma, os generais enviavam mensagens de suas vitórias embrulhadas em folhas de louro.

A tradição manteve-se, sob outros ritos. Hoje, como amuleto, na Europa, um galhinho do loureiro, que-

RITUAIS

brado em dois, faz com que os namorados permaneçam juntos enquanto o tiverem consigo. Queimar folhas de louro tem o poder de trazer de volta o namorado. Costuma-se colocar à porta dos recém-casados uma guirlanda feita com essas folhas, como símbolo do amor inebriante.

Terapeuticamente, o louro é empregado como vermífugo, purgante e no tratamento de febre reumática e de epilepsia.

Para garantir dinheiro, difundiu-se no Brasil o costume de, no dia 31 de dezembro, embrulhar uma folha de louro numa cédula qualquer até o *réveillon* seguinte. Ao repetir a simpatia, dá-se a nota antiga ao primeiro pobre que encontrar, jogando a folha velha na água corrente, preferencialmente num rio ou no mar. Faz-se a sugestão de usar notas de dólares, libras esterlinas, francos suíços, ou seja, moedas estáveis no mercado internacional, para que o eventual mendigo não maldiga a esmola.

dólares

Em Minas, enterra-se uma cédula no jardim no dia 31. No dia de Reis, 6 de janeiro, desenterra-se a nota, colocando-a na carteira durante todo o ano. Passado o ano, pica-se o dinheiro guardado, enterram-se os pedacinhos e repete-se a simpatia. Nesse caso, convém fazer com real mesmo.

Também é costume de Minas, para trazer prosperidade, colocar uma nota de maior valor possível dentro do pé direito de um sapato novo, especialmente para o *réveillon*. Depois da festa, pode-se gastar à vontade, pois o pedido já foi feito e garantido. Considerando que a energia entra pelos pés, segundo crenças orientais, no interior de São Paulo a cédula colocada no sapato tem que ser nova e deixada nele o ano inteiro. Ao final, é oferecida como esmola, e o pedido renovado. Convém achar um pobre bem a perigo, pois do contrário o óbolo será rejeitado.

No Uruguai (onde dinheiro bom é dólar mesmo) as pessoas guardam na carteira uma nota bem dobrada, à meia-noite de 31 de dezembro. Feito o pedido de fortuna, a cédula passa a ser um talismã.

Se o indivíduo não quiser ter o trabalho de guardar nada, nem no sapato nem na carteira, sugere-se colocar cinco moedas num saquinho, em cima da porta de entrada da casa, por todo o ano. A idéia veio do Rio de Janeiro.

As pessoas casadas, na Malásia, dão aos solteiros um pacote (*pau*) vermelho (*hong*) contendo sempre algum dinheiro – *hong-pau*. Independente do valor do conteúdo, esse pacote simboliza votos de felicidade e boas festas. Obviamente, quanto mais abonada a pessoa, mais poderá colocar no *hong-pau*.

Os ricos da cidade, com vistas a garantir prosperidade e sorte, contratam ginastas para a "Dança do Leão": dançarinos fantasiados com máscaras e roupas coloridas executam malabarismos, visando pegar o *hong-pau* que fica pendurado num ponto alto da porta do contratante.

RITUAIS

Há um *open house* nos lares da Malásia, na passagem do ano: as pessoas cobrem as mesas com iguarias e bebidas que são servidas aos que chegam, independente de convite – as casas ficam abertas a quem queira entrar, a confraternização é geral e todos recebem o *hong-pau*, sendo sempre bem-vindos.

Relativamente ao dinheiro, eis um ritual que deveria ser seguido não só pelos países que o adotam como a Malásia, China e Japão, mas por todos: para trazer bons fluidos no novo período, os cidadãos costumam pagar as dívidas contraídas ao longo do ano. Esse acerto de contas é indispensável para afastar a má sorte e atrair a bênção dos credores. As empresas computam seus resultados e saldam seus passivos – as pessoas também têm que, por uma questão de foro íntimo, zerar seus débitos.

Depois, se for necessário, renovam tudo, mas na passagem do ano afastam a ira e a ansiedade dos respectivos agiotas.

Os romanos, no primeiro dia do ano, cumprimentam-se dando-se as mãos enquanto seguram uma moeda. Mentalizam riqueza no ano-novo ao sentir a pressão da moeda nas palmas. Naturalmente deve haver uma boa seleção quanto à mão que deve ser apertada: de preferência, jovem, bonita, do sexo oposto etc., juntando-se o útil ao agradável.

Há, também, a simpatia dos pequenos animais feita no Brasil: colocam-se vinte e uma moedas na trilha de um formigueiro, no dia 31. No dia seguinte, se as formigas tiverem levado o dinheiro embora, significa um ano próspero. Para não haver decepções, fica a idéia de colocar um pouco de mel nos trocadinhos para que as iscas se tornem mais atrativas. A oferta deve ser feita a formigas grandes, do tipo saúva; caso contrário, os bichinhos não terão forças para cumprir o pretendido.

Do sudoeste de São Paulo, outra idéia: exatamente à meia-noite, molha-se um lenço com água pura, deixando-o ao relento para secar. No dia 1º, antes de o sol nascer, colocam-se dentro dele algumas moedas, amarrando-se as pontas de modo a fazer um embrulhinho que só será aberto no dia 31 seguinte.

Sugestão para quem não mora em apartamento: jogar moedas da rua para dentro da casa garante dinheiro o ano inteiro.

Mesmo que a pessoa não vá fazer nada do aconselhado, diz-se que não deve passar o ano-novo com os bolsos vazios — se estiver a perigo, deve pedir emprestado o vil metal ao menos para que ele se sinta "em casa", junto ao seu corpo, naquele momento.

As expectativas de viagem também têm o seu lugar, nas festas de fim de ano. No Equador, algumas pessoas saem à meia-noite, com uma maleta nas mãos, e correm todo o quarteirão (*manzana*), na crença de que isto fará com que haja muitas viagens. No Panamá, dão-se várias voltas em torno da casa, enquanto, na Venezuela, basta atravessar a rua, carregando uma mala, exatamente na passagem do ano, que o mesmo objetivo será atingido.

Na mesma linha de raciocínio que leva o indivíduo a estrear roupas no ano-novo, deixando as usadas no armário, na Itália e no Brasil, por força da imigração, é hábito desfazer-se, à meia-noite, de objetos rachados, copos partidos e xícaras desbeiçadas, na expectativa de que apenas peças inteiras e boas serão utilizadas dali para a frente.

As crianças, em vários lugares, também têm atribuições nessa época.

No Canadá, o filho mais velho deve pedir ao pai que abençoe os demais membros da família.

No dia 1º, a tradição haitiana determina que as crianças saúdem os pais, avós, enfim, os adultos da família, os quais, em decorrência, formulam-lhes bons votos durante o ano que se inicia, evidenciando o respeito à sabedoria e à experiência dos idosos.

Visando à manutenção da paz e unidade familiar, alguns italianos executam o seguinte ritual: cinco minutos antes da meia-noite, os homens vão para a rua e esperam que os sinos comecem a tocar. Retornam, então, beijando todas as mulheres da casa, desde a mais velha até a mais nova, por ordem de idade. Acreditam garantir compreensão e fidelidade entre parentes e cônjuges.

Isso é meio arriscado. Pode causar uma confusão danada se a atitude for mal-interpretada. É bom que estejam todos de acordo, de antemão.

Na Coréia, tradicionalmente, o ano-novo lunar é o momento em que se prestam homenagens aos ancestrais já falecidos, assim como aos pais e avós ainda vivos.

FELIZ ANO-NOVO!

Nas ruas, após a meia-noite, são vendidas escumadeiras de bambu, chamadas *chori*, usadas nas fazendas para separar os grãos e que, no ano-novo, são um item simbólico para "pinçar" as boas coisas. Essas colheres são dependuradas nas portas, como talismã, durante todo o ano seguinte (*pokchori*). Depois do café da manhã, os coreanos visitam seus parentes e vizinhos mais velhos e se curvam (*sebae*) para eles, em sinal de respeito. Esses cumprimentos, correspondidos, são chamados de *dukdam* e têm por objetivo desejar saúde e sorte. As crianças coreanas, além de bolos e biscoitos, durante as visitas recebem dinheiro (*sebae-don*) com votos de que permaneçam prósperas.

As festividades de ano-novo lunar continuam até a primeira Lua cheia de janeiro (*taeborum*), por volta do dia 15. Nesse período, familiares e amigos jogam e brincam juntos. Em localidades pequenas, todas as pessoas do lugar participam do evento em conjunto, independentemente de parentesco. O objetivo desses jogos não é vencer ou perder. Simbolizam o trabalho e a cooperação do grupo unido no mesmo objetivo. Os japoneses, no 1º dia do ano, cumprimentam-se dizendo: "Começou um novo ano, eu lhe desejo todo o bem", ou seja, *shinnen akemáshite omedetô gozaimas*.

Nos Países Baixos, na Europa, parentes e amigos visitam-se obrigatoriamente, para troca de bons votos para o ano que se inicia.

avô

No Rio de Janeiro, algumas famílias colocam as crianças da casa em cima de algum lugar relativamente alto como, por exemplo, uma mesa. À meia-noite, todas pulam no chão e ganham uma prenda para ter sorte.

Na Dinamarca, também há o costume de pular de uma cadeira, degrau, de qualquer lugar mais alto ou mesmo pular corda.

Na Venezuela pula-se uma corrente para que os maus fluidos sejam atraídos por ela e fiquem no chão.

O movimento ascensional do pulo implica o desejo de ter contato com o divino, com planos superiores, de voar alto, enfim, de subir na vida, tanto no plano espiritual quanto material.

A maioria dos entrevistados no Brasil diz ficar com os pés fora do chão ou subir em algum apoio que eleve o indivíduo. O primeiro passo, à meia-noite, deve ser dado com o pé direito.

Como se vê, na vida todos têm que dar os seus pulinhos.

Há ornamentos feitos especialmente para essa festa: na Polônia pendura-se um galho de um tipo de parasita, *jemiota*, no lustre da casa, e as pessoas se beijam embaixo dele, para ter sorte e amor. Os franceses colhem-no sob o nome de *gui de l'an neuf*, ou visgo, símbolo da imortalidade e da passagem de uma vida para outra superior, sendo alvo de ritual idêntico nos Estados Unidos. O *mistletoe* faz também parte da decoração, desde o Natal, com o mesmo significado.

FELIZ ANO-NOVO!

Do Báltico ao Mediterrâneo, há séculos, o visgo, um tipo de erva-de-passarinho, era considerado sagrado, com poderes mágicos. Acreditava-se que protegia contra a infertilidade, ataques epilépticos, envenenamentos, sendo, inclusive, afrodisíaco. Uma verdadeira panacéia universal.

No século XIX, vários achaques da velhice eram tratados com essa erva. Hoje, a ciência comprovou que seus princípios ativos químicos servem, efetivamente, para diminuir a pressão arterial e controlar problemas nervosos.

Escandinavos e italianos atribuíam-lhe o dom de apagar o fogo. Tal crença talvez fosse decorrente da velocidade com que esse parasita se alastra na árvore hospedeira, de modo geral um carvalho.

Alguns pesquisadores associam o rito de as pessoas se beijarem debaixo do visgo a cultos dos druidas; outros, às festas gregas em homenagem a Saturno ou ainda a certos rituais de casamento da Antigüidade.

Além de serem usados no ano-novo, muitos europeus conservam ramos de visgo nas entradas de suas casas para espantar os maus espíritos. Em função da colonização francesa, esse hábito foi repassado aos habitantes da Louisiana, nos Estados Unidos.

No País de Gales, o visgo do Natal é dado como alimento à primeira vaca a parir no ano-novo, com o fito de trazer sorte e saúde para o rebanho.

Na Inglaterra, a planta que ornamenta as festas é incinerada na décima segunda noite após o *réveillon*, garantindo, desse modo, o casamento dos solteiros que se beijaram debaixo dela. Já em Staffordshire, no mesmo país, o visgo é guardado até o Natal seguinte, quando é queimado no preparo do bolo de frutas característico dessa época.

No Brasil, os dinamarqueses e seus descendentes costumam plantar algum tipo de vegetal – não importa qual, árvore ou arbusto, dependendo do espaço disponível – como símbolo de continuidade da vida no ano que se inicia.

Um arranjo de cabelo, feito com um ramo de trigo, entregue à meia-noite a quem se ama, garante a indissolubilidade da ligação amorosa, asseguram os antigos ritos brasileiros.

De tempos passados, vem também este conselho: olhando fixo para o céu abre-se um cadeado com a chave, dizendo: "Da mesma forma que abro este cadeado, peço a Deus que abra todos os caminhos para este ano". Fazem-se três pedidos e guarda-se a chave na carteira e o cadeado aberto num pote com farinha de trigo, até o dia 6 de janeiro do ano seguinte, quando a simpatia é renovada.

Um ponto importante a ser observado nos rituais descritos é que, sem exceção, visam ao bem – pessoal ou coletivo. No mundo inteiro impera a fraternidade.

Em Honduras, chega-se a pregar que no 1º dia do ano deve-se fazer tudo de bom – nada de tristeza ou choro, pois isso comprometeria todo o ano.

Amor, sucesso, triunfo e realização: essas as conquistas a serem feitas através desses ritos no renascimento das esperanças.

Epílogo

Cotejando as informações obtidas, ao longo de quase dois anos, conclui-se que a vida interior do homem provém de uma fonte única. As similaridades de comportamento e interpretação de fatos são tantas que não podem passar despercebidas. As experiências individuais, através dos séculos, incorporam-se ao conhecimento universal, como estrelas de uma constelação. Essa sabedoria cósmica passa a integrar o indivíduo de forma atávica – ele a traz dentro de si, como bagagem invisível, independente de cor, religião, raça e origem – é um princípio comum ao espírito humano. Jung identificou esse tipo de conhecimento atávico como arquétipos do inconsciente.

A identidade torna a temática dos ritos atemporal, variando tão-somente a maneira através da qual são exteriorizados e renovada de acordo com as circunstâncias de cada época, conforme as diferentes culturas.

FELIZ ANO-NOVO!

Através das experiências místicas, os homens passam a compreender, em profundidade, o plano invisível que sustenta a vivência física material da sua espécie. A validação da ordem social passa, inexoravelmente, pela prática de determinados rituais. Do contrário, há o risco da desintegração do grupo pela falta de ideais.

Independente do calendário adotado, a ansiedade e a expectativa do final de um ciclo e início de outro são sentimentos que não podem ser negados, por mais que as necessidades individuais imediatas estejam atendidas. O conflito da consciência da vida e da morte, do bem e do mal, enfim, de todos os opostos e, principalmente, do momento de enfrentar o desconhecido, está dentro da alma de todos.

As comemorações de ano-novo visam à bem-aventurança individual e coletiva. Festejam, a bem dizer, os aniversários do mundo. Fechando-se os olhos aos detalhes supérfluos, tudo que é feito nesse período visa suavizar o caminho trilhado pela humanidade, dando-lhe esperança e criando ambiente próprio à realização dos diferentes sonhos.

Os capítulos anteriores serviram para demonstrar que hábitos, ritos e mitos têm explicação e origem. Nada nasce do nada. A cada dia, o homem passa a se conhecer mais profundamente. Com isso, espera-se que as divergências sociais se amenizem, as brigas religiosas, políticas e econômicas se atenuem. Em paz consigo mesmo e com a natureza, o homem terá do mundo a mesma visão que os astronautas tiveram dele, ao pisar na lua, um lugar azul, sem fronteiras, cuja beleza

EPÍLOGO

transmite a perfeição da energia que o criou e que precisa ser preservada.

Assim, todos poderão dizer uns aos outros, do fundo do coração:

Feliz Ano-Novo!

Localização geográfica dos alimentos

Alimento	País
arroz	Guiana, Dinamarca, Coréia, Japão
ervilha	Guiana, Letônia
lentilha	Itália, Chile, Guiana, Rep. Tcheca
uvas	Chile, Equador, Honduras, República Dominicana, Panamá, Venezuela, Brasil e Uruguai
ganso	Rússia
peixe	Letônia, Israel e Taiwan
romã	Israel
pão	Israel, Iugoslávia
cenoura	Israel, Iugoslávia
abóbora	Israel, Haiti
alho-porro	Israel
beterraba	Israel
porco/leitão	Itália, Hungria, Uruguai, Brasil, Rússia
comidas brancas	Líbano
tangerina	Malásia
chá	China
castanhas portuguesas	Malta
sonhos	Países Baixos
cordeiro/carneiro	Uruguai, Israel
azeitonas	Turquia
macarrão	Japão
maçã com mel	Israel
maçã como acompanhamento de ganso	Rússia
acelga	Israel
laranja	Honduras
vinho	Israel

Localização geográfica das cores

Cor	País
vermelho	China, Itália, Estados Unidos, Honduras, Malta, Brasil, Malásia
amarelo	Grécia, China, Arábia, Honduras, Venezuela, Panamá, Brasil
branco	Grécia, Argentina, Brasil, Armênia
rosa	Grécia, Uruguai, Brasil
verde	Honduras, Itália

Localização geográfica dos rituais

Elemento	País
fogo	Grécia, Itália, Letônia, El Salvador, Chile, Equador, Panamá, Honduras, Brasil, Malásia, Suécia, Polônia, Rússia, Irlanda, Hungria, Alemanha
água	Índia, China, Polinésia, Ásia, Grécia, Letônia, Portugal, República Dominicana, Haiti, Brasil, Dinamarca, Uruguai, Honduras
sal	Brasil, Japão, Israel, Turquia

Curiosidades

2001 anos do calendário gregoriano correspondem a:

5762 anos do calendário judeu

2661 anos do calendário japonês

1422 anos do calendário islâmico

7510 anos do calendário bizantino

4699 anos do calendário chinês

Bibliografia

Wauters, Ambika e Thompson, Gerry. *Fundamentos de Cromoterapia*. Editora Avatar, 1998, São Paulo.

Nunes, René. *Cromoterapia – A cura através da cor*. Livraria Freitas Bastos, 4ª Edição, 1986, Rio de Janeiro.

Rousseau, René Lucien (trad. J. Constantino K. Riemma). *A Linguagem das Cores*. Editora Pensamento, 1995, São Paulo.

Nunes, René. *Cromoterapia Aplicada*. 7ª Edição, Brasília, 1997, Linha Gráfica Editora Ltda.

Goethe, J. W. von. *Teoria das Cores* (1810).

Gimbel, Theo. *The Colour Healing Book*. Editora Gaia, 1994.

Wood, Betty. *As Cores e seu Poder de Cura*. Editora Pensamento, 1995, São Paulo.

Fox, Barry. *Foods to heal by*. Lynn Sonberg Book Associates.

Enciclopédia Britânica.

A Bíblia Sagrada. Edição Comemorativa. SBB, Revista e Atualizada, 2ª Edição, João Ferreira de Almeida.

Pires, Luciano. *Enciclopédia de Vinhos*. Editora Record, 1993.

Enciclopédia de Mitologia. Abril Cultural, 1993.

Dicionário de Mitologia Greco-Romana. Abril Cultural, 1973.

Campbell, Joseph. *Myths to Live By*. Penguin, Arkana, 1993.

Campbell, Joseph. *The Hero with a Thousand Faces*. Bollingen, Series XVII, Princeton University Press. [*O Herói de Mil Faces*, publicado pela Editora Pensamento, 1988, São Paulo.]

Masson, Bernard. *O Mel*. Editora Gaia, 1994.

Lyon, Todd. *The New Year's Eve Compendium*. Clarkson N. Potter, Inc., 1998.

Caribé, Dr. José e Campos, Dr. José Maria. *Plantas que Ajudam o Homem*. 5ª Edição, Editora Pensamento, 1991, São Paulo.

Düwel, G. M. *A Riqueza dos Alimentos*. 1ª Edição, 1998, S. E. Revista e Publicidade Técnicas Ltda.

Laffont, Robert. *Dictionnaire des Symbols*. Edit. Jupiter, 1991.